Giorgio Motta

EIN TOLLES TEAM A2.2

Deutsch für Jugendliche
Deutsch als Fremdsprache

KURSBUCH
PLUS INTERAKTIVE VERSION

HUEBER VERLAG

Für die hilfreichen Hinweise und die fachliche Beratung
danken wir Beata Ćwikowska, Wrocław.

3. 2. 1. | Die letzten Ziffern
2028 27 26 25 24 | bezeichnen Zahl und Jahr des Druckes.
Alle Drucke dieser Auflage können, da unverändert,
nebeneinander benutzt werden.
1. Auflage

Umschlaggestaltung: Sieveking Agentur, München
Layout und Satz: Sieveking Agentur, München
Verlagsredaktion: Anne-Kathrein Schiffer, Hueber Verlag, München; Marion Kerner, München
GPSR-Kontakt: Hueber Verlag GmbH & Co. KG, Baubergerstraße 30, 80992 München, kundenservice@hueber.de
Druck und Bindung: PASSAVIA - Druckservice GmbH & Co. KG, Medienstraße 5b, 94036 Passau, info@passavia.de
Printed in Germany
ISBN 978-3-19-301810-6

Art. 530_28396_001_01

Wegweiser

LEKTIONEN

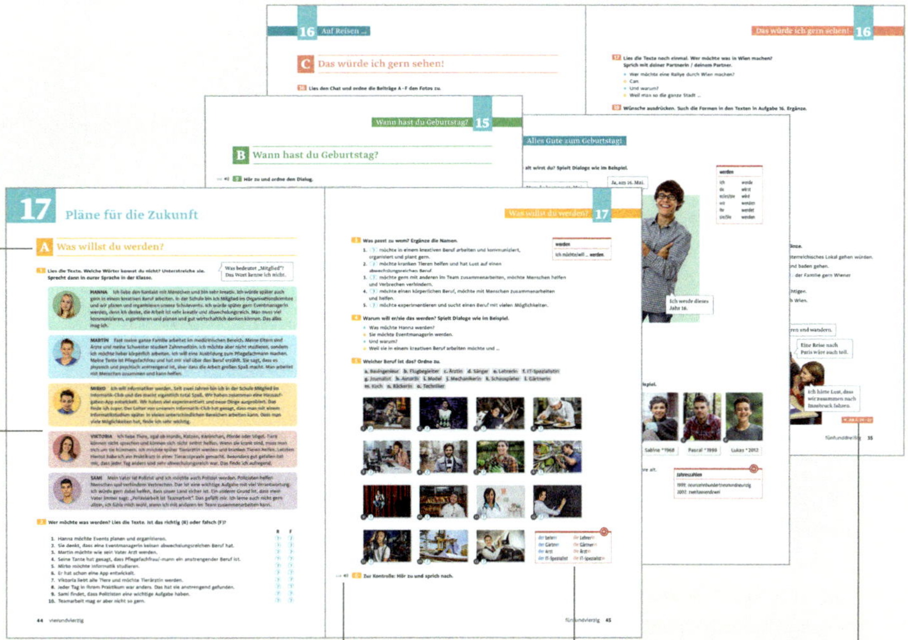

A-, B- und C-Seiten
Jede der vier Lektionen hat einen **motivierenden thematischen Rahmen** und ist in die **Abschnitte A, B** und **C** unterteilt. In diesen Abschnitten wird der neue Lernstoff eingeführt und eingeübt.

Die Protagonisten
Die **jugendlichen Protagonistinnen und Protagonisten** begleiten die Lernenden durch die Lektionen. **Alltagsnahe Themen und Geschichten** wecken Neugier und schaffen Erfolgserlebnisse.

Hörverweis
Das Audio-Pikto mit der angegebenen Tracknummer verweist auf den Hörtext zu dieser Aufgabe.

Grammatik- und Redemittelkästen
Die **Hinweise zur Grammatik und zu Redemitteln** fassen die Inhalte übersichtlich und anschaulich zusammen.

Verweis auf Arbeitsbuch
Passende Übungen finden Sie im Arbeitsbuch auf den angegebenen Seiten.

Das kann ich schon
Wortschatz und Redemittel werden kompakt und übersichtlich dargestellt.

Landeskunde
Diese Rubrik bietet interessante Informationen und abwechslungsreiche Übungen zum **Alltag in den deutschsprachigen Ländern.**

Wegweiser

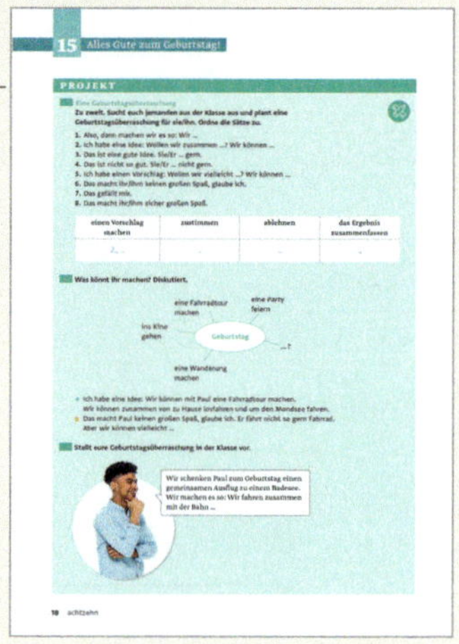
15 Alles Gute zum Geburtstag!
PROJEKT

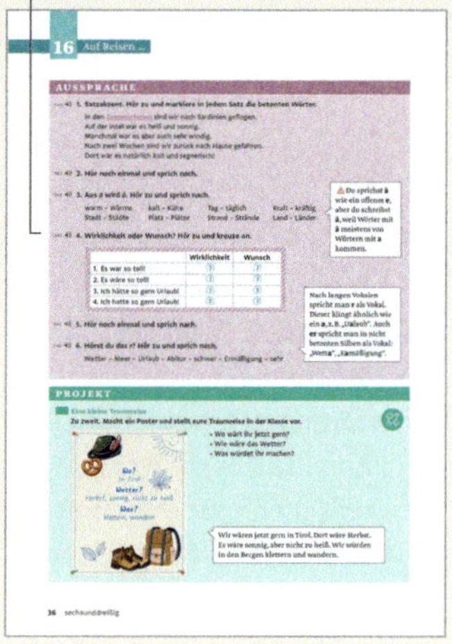
16 Auf Reisen
AUSSPRACHE
PROJEKT

Projekt
In den **Projekten** kann das Gelernte sofort kreativ umgesetzt werden.

Aussprache
Übungen zur **Aussprache und Betonung** auf Wort- und Satzebene.

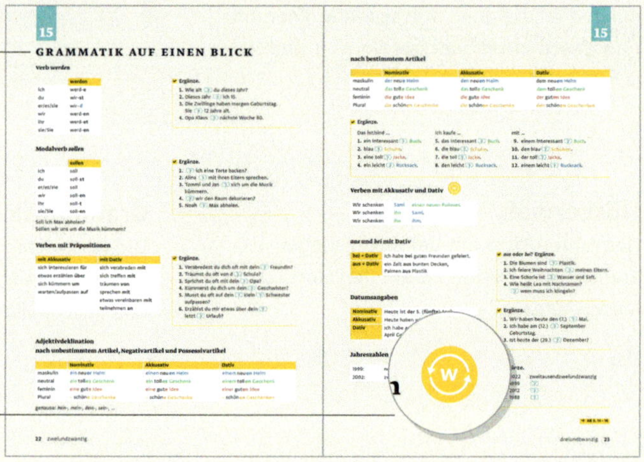
15
GRAMMATIK AUF EINEN BLICK

Grammatik auf einen Blick
Die Grammatikübersicht am Lektionsende bietet eine **Zusammenfassung der wichtigsten Strukturen**. Dazu gibt es passende **Übungen**.

Wiederholung
Strukturen, die bereits bekannt sind, werden systematisch wiederholt und gefestigt.

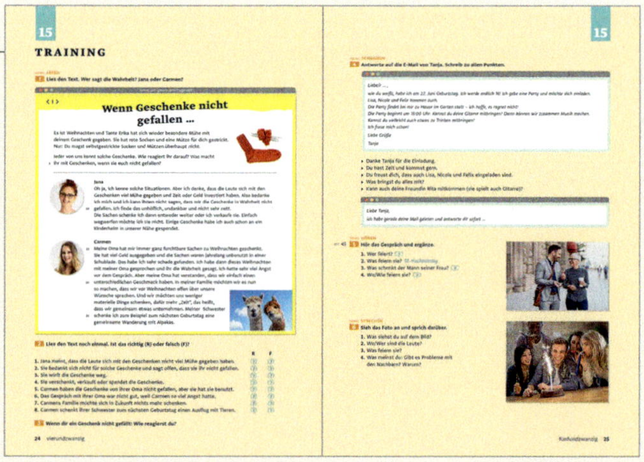
15
TRAINING
Wenn Geschenke nicht gefallen ...

Training
Im **Fertigkeitentraining** werden die rezeptiven und produktiven Fertigkeiten trainiert und erweitert. Das dient auch der Prüfungsvorbereitung.

Videos

Jede Lektion schließt mit einem **Film** ab, der ein Alltagsthema passend zur Lektion präsentiert und vertieft.

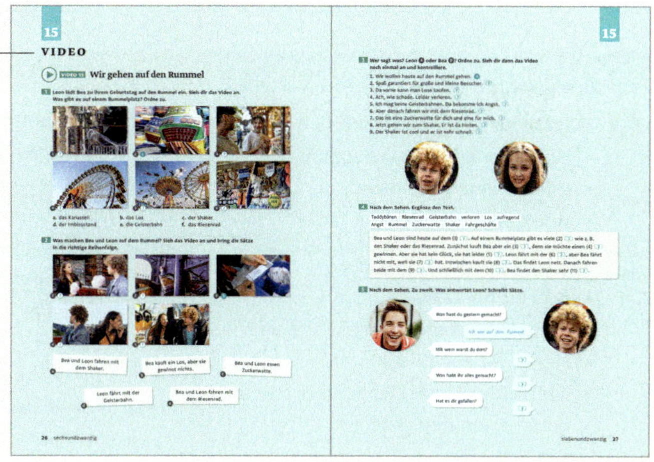

ANHANG

Grammatikübersicht

Übersichtliche Zusammenfassung der wichtigsten grammatischen Strukturen.

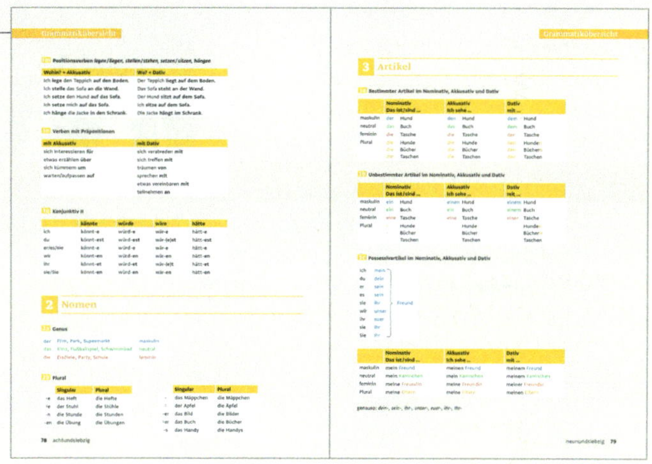

UNTERRICHTEN UND LERNEN WIE UND WO MAN WILL

EIN TOLLES TEAM – digital
als interaktive Version online und offline

- Alle digitalen Elemente kann man direkt mit dem integrierten Player abspielen: Hörtexte, Filme, interaktive Übungen.
- Die Aufgaben im Buch stehen interaktiv mit Lösungsanzeige zur Verfügung.
- Mit der *Hueber interaktiv App* kann man die interaktive Version auch offline nutzen und auf viele Materialien des Lehrwerks mit dem Smartphone zugreifen.
- Werkzeuge wie Marker, Kommentar, Lupe und Vollbildmodus sind integriert und helfen beim Lernen in der Klasse und zu Hause.

Der Startcode für die interaktive Version steht auf der vorderen Umschlagseite unter der Landkarte.

Inhalt

15 Alles Gute zum Geburtstag! 8

16 Auf Reisen ... 28

Inhalt

15 Alles Gute zum Geburtstag!

A Das ist ein originelles Geschenk

1 Lies den Chat und ergänze die Namen.

1. Wer hat bald Geburtstag? ?
2. Wer sucht ein Geburtstagsgeschenk? ?
3. Wer hat viele Ideen? ?

Lea, ich brauche deine Hilfe!! Du hast doch immer so gute Ideen. Max hat nächste Woche Geburtstag und ich suche ein tolles Geschenk für ihn. Mir fällt aber nichts ein!

Ich liebe schöne Geschenke – klar helfe ich dir, Hanna! Schau mal hier: eine Fotolichterkette. Das ist ein tolles Geschenk. Max kann seine Lieblingsfotos an die Wand hängen.

Hm ... ich weiß nicht, ich glaube, das ist leider keine so gute Idee. Die Schwester von Max hat so eine Lichterkette. Max findet sie nicht schön.

Dann vielleicht ein praktisches Geschenk? Max liebt doch lange Wanderungen und Fahrradtouren. Schau mal: Hier gibt es eine lustige Trinkflasche. Du kannst sogar ein Foto auf die Flasche drucken lassen.

Das ist eine gute Idee, aber Max hat doch schon einige Trinkflaschen.

Ein neuer Fahrradhelm? Max hat nur noch einen alten Helm. Und der ist kaputt, glaube ich.

Einen neuen Fahrradhelm finde ich eine sehr gute Idee. Aber ein guter Fahrradhelm kostet ungefähr 50 Euro, Lea. So viel Geld kann ich nicht ausgeben.

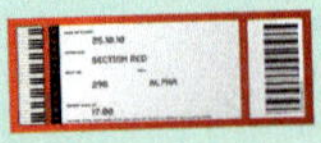

Schenk ihm doch eine Konzertkarte! Es gibt ein neues Musical im Theater am Rathaus. Mag Max Musicals?

Leider mag Max Musicals überhaupt nicht. 🙁
Wir beide können da aber hingehen!? 🙂

Das machen wir! 😃 Aber zurück zu Max: Ich hab's! Kauf ihm doch ein Stand-Up-Paddle-Board. Max sagt schon lange, dass er das einmal probieren möchte. Schau mal, hier gibt es ein günstiges Sonderangebot, ein gebrauchtes, aufblasbares Board für unter 25 Euro: www.ebaxx.de

Lea, du bist großartig! Das waren tolle Ideen und schöne Geschenke! Max ist ein sportlicher Typ und ein Stand-Up-Paddle-Board gefällt ihm bestimmt total gut. Das ist wirklich ein originelles Geschenk. Ich danke dir! 😚

2 **Lies den Chat noch einmal. Warum passt welches Geschenk (nicht)? Mach Notizen.**

1. Fotolichterkette: *findet Max nicht schön*
2. Trinkflasche: ?
3. Fahrradhelm: ?
4. Konzertkarte: ?
5. Stand-Up-Paddle-Board: ?

3 **Such die Formen im Chat und ergänze die Adjektivendungen.**

Adjektivdeklination nach unbestimmtem Artikel

	Nominativ Das ist/sind …	**Akkusativ** Ich kaufe/habe/…
maskulin	ein neu**er** Helm.	einen neu**en** Helm.
neutral	ein toll**es** Geschenk.	ein toll ? Geschenk.
feminin	eine gut ? Idee.	eine gut**e** Idee.
Plural	schön**e** Geschenke.	schön ? Geschenke.

genauso: *kein-*, *mein-*, *dein-*, *sein-*, …

4 **Kundenrezensionen zum Stand-Up-Paddle-Board. Ergänze die Adjektivendungen wie im Beispiel.**

www.ebaxx.de

Das ist ein (1) toll*es* Board und ein wirklich (2) fair ? Preis! Das Board ist sehr leicht, macht aber einen sehr (3) stabil ? Eindruck. Ich bin begeistert!

Ich bin sehr zufrieden. Das Board ist großartig und hat eine (4) schön ? Farbe. Und es bietet sogar eine (5) gut ? Stabilität im Meer.

Das Board hat eine (6) toll ? Verarbeitung und ein (7) cool ? Design.

Toll auch, dass ein (8) praktisch ? Rucksack in der Lieferung enthalten ist. Und es gibt auch einen sehr (9) gut ? Kundenservice. Ich hatte eine (10) dringend ? Frage und habe am selben Tag eine (11) hilfreich ? Antwort bekommen.

5 **Spielt Dialoge wie im Beispiel.**

Was können wir Philipp schenken?

Ein roter Fahrradhelm ist ein gutes Geschenk.

Stimmt! Also dann schenken wir ihm einen roten Fahrradhelm.

1. Opa – ein interessantes Buch
2. Oma – leckere Pralinen
3. Papa – ein leichter Rucksack
4. Justine – ein gutes Parfüm
5. Viktoria – eine blaue Sonnenbrille
6. Sami – ein neuer Pullover

Verben mit Akkusativ und Dativ: *schenken*

Wir schenken Sami einen neuen Pullover.
Wir schenken ihn Sami.
Wir schenken ihn ihm.

030 **6 Sonderangebote im Sportgeschäft. Was kosten die Sachen? Hör zu und notiere die Preise.**

a der blaue Helm

b die rote Hose

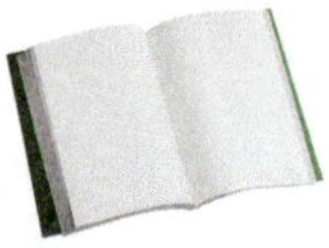

c das neue Wanderbuch

d das grüne T-Shirt

e der blaue Pullover

f die schwarzen Handschuhe

g die roten Socken

h der bunte Schal

i die sportliche Sonnenbrille

a. 42 Euro

Adjektivdeklination nach bestimmtem Artikel

	Nominativ Das ist/sind ...	Akkusativ Ich kaufe/nehme ...
maskulin	der blaue Helm.	den blauen Helm.
neutral	das grüne T-Shirt.	das grüne T-Shirt.
feminin	die rote Hose.	die rote Hose.
Plural	die schwarzen Handschuhe.	die schwarzen Handschuhe.

7 Spielt Dialoge mit den Nomen aus Aufgabe 6 wie im Beispiel.

- Was kostet der blaue Helm?
- Er kostet nur 42 Euro.
- Gut, dann kaufen wir den blauen Helm.

8 Zu zweit. Sprecht über die Gegenstände.

1 25,90 Euro

2 32,50 Euro

3 38,90 Euro

4 8,00 Euro

- Wie gefällt dir die rote Jacke für 25,90 Euro?
- 🙂 Die rote Jacke gefällt mir. Die rote Jacke nehme ich.
- 🙁 Die rote Jacke gefällt mir nicht. Die rote Jacke nehme ich nicht.

→ AB S. 6 - 8

B Wann hast du Geburtstag?

031 **9** **Hör zu und ordne den Dialog.**

- (?) Dann bekommst du dein Geschenk später.
- (1) Max, alles Gute zum Geburtstag! Das ist ein Geschenk für dich.
- (?) Du hast aber am 16. Mai Geburtstag, oder?
- (?) Du hast heute Geburtstag, nicht wahr?
- (?) Heute? Nein, nicht heute. Morgen.
- (?) Ja, aber heute ist der 15. Mai!
- (?) Ein Geschenk für mich?

031 **10** **Hör den Dialog noch einmal. Ist das richtig (R) oder falsch (F)?**

	R	F
1. Max hat heute Geburtstag.	?	?
2. Heute ist der 15. Mai.	?	?
3. Hanna hat ein Geschenk für Max.	?	?
4. Max bekommt das Geschenk jetzt.	?	?

11 **Spielt Dialoge wie im Beispiel.**

Frau Berger 16. / 17. November

Julia 21. / 22. Juni

Martin 7. / 8. Februar

Niam 12. / 13. Oktober

Katja 10. / 11. Mai

Herr Schulz 3. / 4. August

- ○ Den Wievielten haben wir heute?
- ◆ Heute haben wir den 16. (sechzehnten) November.
- ○ Dann ist morgen der 17. (siebzehnte) November.
- ◆ Ja, und?
- ○ Am 17. (siebzehnten) November hat Frau Berger Geburtstag!

Datum

Heute ist **der 5.** (**fünfte**) April.
Heute haben wir **den 5.** (**fünften**) April.
Ich habe **am 5.** (**fünften**) April Geburtstag.

12 Wie alt wirst du? Spielt Dialoge wie im Beispiel.

werden	
ich	werde
du	wirst
er/es/sie	wird
wir	werden
ihr	werdet
sie/Sie	werden

1. Ida – 12. April – 17
2. Beat – 3. Januar – 15
3. Emma – 22. November – 16
4. Matteo – 30. Juli – 19
5. Mia – 5. Oktober – 14
6. Noah – 20. August – 18

13 Wer wird dieses Jahr wie alt? Spielt Dialoge wie im Beispiel.

1 Anna *2002

2 Jürgen *1957

3 Peter *1981

4 Sabine *1968

5 Pascal *1999

6 Lukas *2012

- ◆ Anna ist 2002 geboren. Also wird sie dieses Jahr ... Jahre alt.
- ○ Genau. Jürgen ist ...

Jahreszahlen

1999: neunzehnhundertneunundneunzig
2002: zweitausendzwei

14 **Wie haben die Jugendlichen ihren letzten Geburtstag gefeiert? Lies die Texte und ordne zu.**

A. Max	**1.** Schlittschuhparty
B. Lea	**2.** Gartenparty
C. Mirko	**3.** Strandparty
D. Eva	**4.** Bowlingbahn

A

Max An meinem 15. Geburtstag habe ich meine Freunde in ein Bowlingcenter eingeladen. Wir haben den ganzen Nachmittag Bowling gespielt und meine Mutter hat uns mit kalten Getränken und leckeren Snacks versorgt. Leider ist noch ein kleiner Unfall passiert: Jan hat eine Bowlingkugel fallen gelassen und sie ist direkt auf meinem linken Fuß gelandet. Aua! Das hat ganz schön wehgetan.

B

Lea Ich habe bei uns im Keller eine Strand-Party gefeiert, und das im November. Meine Eltern und ich haben den Keller in einen Strand verwandelt: Aus bunten Decken haben wir ein großes Zelt gebaut und Liegestühle darin aufgestellt. Palmen aus Plastik, eine Tanzfläche aus Sand, eine Beach-Bar mit kalten Getränken haben ein echtes Strandgefühl vermittelt. Wir hatten so viel Spaß!

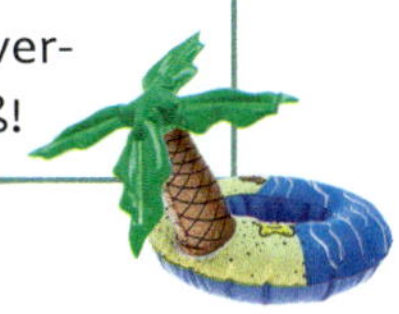

C

Mirko An meinem letzten Geburtstag habe ich bei guten Freunden von meinen Eltern eine Grillparty gefeiert. Wir waren zu zehnt und wir haben unglaublich viel gegessen! Dann haben wir auf einem großen Feld neben dem Garten Fußball gespielt. Das war gar nicht so einfach mit unseren vollen Mägen ... Meine Freundin Raquel ist mit ihrer alten Gitarre gekommen und hat Musik gemacht.

D

Eva An meinem letzten Geburtstag war es richtig kalt und der Kanal bei uns um die Ecke war zugefroren. Ich habe eine kleine Schlittschuhparty gegeben. Aber wir haben bei der eisigen Kälte draußen so furchtbar gefroren! Mit einem heißen Tee haben wir noch versucht, uns zu wärmen, aber es war einfach zu kalt. Um halb sechs sind wir alle wieder nach Hause gegangen.

Adjektivdeklination nach bestimmtem und unbestimmtem Artikel

	Dativ mit/bei/an/auf ...
maskulin	dem/einem link**en** Fuß
neutral	dem/einem groß**en** Feld
feminin	der/einer alt**en** Gitarre
Plural	den/- gut**en** Freunden

genauso: *kein-, mein-, dein-, sein-, ...*

***aus* und *bei* mit Dativ**

aus + Dativ	ein Zelt **aus** bunten Decken, Palmen **aus** Plastik
bei + Dativ	Ich habe **bei** guten Freunden gefeiert.

15 **Unterstreiche in den Texten alle Adjektive mit Nomen im Dativ und notiere sie.**

A (Max) mit kalten Getränken und leckeren Snacks, ...

16 **Spielt Dialoge wie im Beispiel.**

◆ Gehen wir zusammen zur Party? Wo treffen wir uns?
○ Vor dem alten Rathaus?
◆ Super, bis später!

1. vor – altes Rathaus
2. vor – neues Café
3. an – großer Sportplatz
4. vor – neue Eisdiele
5. an – alter Marktplatz
6. vor – große Kirche

17 **Die Party war toll! Ergänze die Adjektivendungen.**

1 Wir haben den ganzen Tag an einem klein(?) See verbracht.

2 Ich war auf einer groß(?) Feier und habe den ganzen Abend getanzt.

3 Wir haben in einem nett(?) Restaurant gefeiert.

4 Ich war den ganzen Tag mit gut(?) Freunden zusammen – das war super!

18 **Welche Geburtstagsparty hat dir besonders gut gefallen? Erzähle.**

- Wo war die Party?
- Wie viele Leute waren da?
- Was habt ihr gemacht?
- Was habt ihr gegessen und getrunken?

Ich war letzten Monat auf einer Party von einem guten Freund. Wir waren …

→ AB S. 8 - 11

C Die Überraschungsparty

19 **Lies die E-Mail und beantworte die Fragen.**

Betreff: Überraschungsparty

Hallo ihr Lieben,
unser Freund Max hatte am 16. Mai seinen 16. Geburtstag. Das wollen wir nächste Woche am Mittwoch mit ihm ab 16 Uhr im Jugendclub nachfeiern.
Achtung: Max weiß von nichts! Das wird eine Überraschung!
Habt ihr Zeit? Dann gebt uns bitte schnell Bescheid! Wir gründen eine Chat-Gruppe, so können wir die Party am besten planen und vorbereiten.

Viele Grüße von Hanna und Lea

1. Wer lädt ein?
2. Wo und wann findet die Party statt?
3. Weiß Max von der Party?
4. Du hast Zeit. Was sollst du tun?

1. Hanna und Lea

20 **Lies die Gruppennachrichten. Wer kümmert sich um was? Ergänze.**

H **Hanna**
Super, dass ihr alle zur Party von Max kommen könnt!
Jetzt müssen wir sie nur noch organisieren. 😉

J **Jakob**
Ganz wichtig: Essen und Trinken! 😉 Soll ich meine Mutter fragen? Sie hat ja einen Cateringservice und hat schon angeboten, dass sie uns hilft und uns Essen bringen kann.

L **Lea**
Das ist ja toll! ❤️ Ja, frag sie bitte.

A **Alina**
Meine Eltern haben letzte Woche eine Grillparty gegeben und es ist ganz viel zu Trinken übriggeblieben. Soll ich mit meinen Eltern sprechen? Vielleicht können wir die Getränke bekommen.

H **Hanna**
Bitte sprich mit ihnen und gib uns schnell Bescheid, ja?

F **Felix**
Ich kann eine Geburtstagstorte backen! 🎂 Soll ich eine mitbringen?

H **Hanna**
Ja, bring eine mit! Vielen Dank!

T **Tommi**
Wir brauchen unbedingt Musik. Sollen Jan und ich uns darum kümmern?

L **Lea**
Super! Noch ein Problem gelöst. Danke, Jan und Tommi!

M **Mia**
Und ich kaufe eine Geburtstagskarte. Wir treffen uns ja um halb vier im Jugendclub, dann können wir alle unterschreiben.

N **Noah**
Wie kommt Max eigentlich zur Party? Soll ich ihn abholen und hinbringen?

H **Hanna**
Super, wenn du das machen kannst, Noah. Du weißt, er weiß nichts von der Party?!

N **Noah**
Ich weiß! Mir fällt bestimmt eine gute Lüge ein. Ich sage ihm, dass wir zum Sportverein fahren oder so … 😉

1. Jakob: *Essen*
2. Alina: ?
3. Felix: ?
4. Tommi und Jan: ?
5. Mia: ?
6. Noah: ?

21 **Spielt Dialoge wie im Beispiel.**

ich: Torte backen?

◆ Soll ich eine Torte backen?
○ Ja, back eine Torte!

1. ich: Getränke besorgen?
2. wir: Einladungen verschicken?
3. ich: Musik machen?
4. wir: mit dem Leiter im Jugendclub sprechen?
5. wir: den Raum dekorieren?

sollen	
ich	soll
du	sollst
er/es/sie	soll
wir	sollen
ihr	sollt
sie/Sie	sollen

22 **Wie war Max' Überraschungsparty? Lies den Text. Sind die Sätze richtig (R) oder falsch (F)?**

Max, wie war die Überraschungsparty?

Ach, es war ganz toll! Die Überraschung ist wirklich gut gelungen. Noah hat mich um kurz vor vier zum Sport zu Hause abgeholt. Aber er ist nicht zum Sportverein, sondern zum Jugendclub gefahren. Ich hatte gleich ein komisches Gefühl und habe mir gedacht: „Da stimmt etwas nicht." Alles war dunkel. Und dann haben wir die Tür aufgemacht und auf einmal hat jemand das Licht angemacht. Da waren meine Freundinnen und Freunde und haben ein Geburtstagslied gesungen. Und auf dem Tisch war eine riesige Torte. Ich habe mich sehr über diese Überraschung gefreut!

	R	F
1. Noah ist mit Max zum Sportverein gefahren.	?	?
2. Im Jugendclub war es dunkel.	?	?
3. Noah hat das Licht angemacht.	?	?
4. Max hat die Überraschungsparty toll gefunden.	?	?

032 🔊 **23** **Wen hast du schon einmal überrascht? Hör zwei Interviews und ordne zu.**

1. Leon hat	eine Freundin	zum Geburtstag	mit einer Privatführung durch eine Ausstellung überrascht.
2. Sabina hat	die Oma	zu Weihnachten	mit einem Besuch im Tierheim überrascht.

032 **24** **Hör noch einmal und ergänze.**

Leons Oma interessiert sich (1) *für* Kunst. Leon hat sich (2) ? seiner Oma für einen Café-Besuch verabredet. Er ist mit ihr aber zu einer Ausstellung über Paul Klee gegangen. Ein Professor für Kunstgeschichte hat vor der Ausstellung (3) ? sie gewartet und hat Leons Oma viel (4) ? den Maler erzählt. Die Oma war begeistert.

Sabinas Freundin hat schon immer (5) ? einem Hund geträumt. Sie hat sich (6) ? Hunde aus der Nachbarschaft gekümmert und (7) ? sie aufgepasst. Sabina hat einen Termin (8) ? dem Tierheim vereinbart und sie und ihre Freundin haben sich (9) ? den Leuten vom Tierheim getroffen. Sie haben lange (10) ? ihnen gesprochen. Sabinas Freundin hat (11) ? einem Kurs für Gassigeher teilgenommen und geht nun regelmäßig mit den Hunden spazieren.

Verben mit Präpositionen

mit Akkusativ	mit Dativ
sich interessieren für	sich verabreden mit
etwas erzählen über	etwas vereinbaren mit
sich kümmern um	sich treffen mit
warten auf	träumen von
aufpassen auf	sprechen mit; teilnehmen an

25 **Zu viert. Ergänzt die Sätze und schreibt sie auf einen Zettel. Mischt die Zettel. Jede/r zieht einen Zettel und liest ihn vor. Die anderen raten: Wer hat das geschrieben?**

1. Ich interessiere mich für ...
2. Ich ärgere mich oft über ...
3. Ich spreche sehr gern mit ...
4. Ich treffe mich oft mit ...
5. Ich habe oft Lust auf ...
6. Ich denke oft an ...

1. Ich interessiere mich für Fußball.

Ich glaube, das hat Matteo geschrieben.

Ja, das glaube ich auch!

→ AB S. 11 - 14

AUSSPRACHE

033 **1. Palmen aus Plastik. Hör zu und sprich nach.**

Pepe **P**arty **p**raktisch **P**alme **P**lastik **p**lanen

Pepe **p**lant eine **P**arty mit **p**raktischen **P**almen aus **P**lastik.

Meistens spricht man *p*, *t*, *k* sehr hart – mit einem *h*: p^h, t^h, k^h.

034 **2. Ein toller Typ. Hör zu und sprich nach.**

Tara **t**anzen **T**anzkurs **t**oll **T**yp

Im **T**anzkurs **t**anzt **T**ara mit einem **t**ollen **T**ypen.

035 **3. Kalter Kuchen. Hör zu und sprich nach.**

Kiki **k**aufen **K**anal **k**alt **K**uchen

Kiki **k**auft am **K**anal einen **k**alten **K**uchen.

036 **4. Im Rhythmus! Hör zu und sprich nach. Achte auf die Vokale am Wortanfang.**

Am **e**rsten **A**pril, da mach' **i**ch, was **i**ch will!
Am **a**chten **Au**gust hab' **i**ch doch keine Lust!
Am **e**lften **O**ktober ruf' **i**ch ganz laut: „Herr **O**ber!"

Wenn ein Wort mit einem Vokal beginnt, muss man eine ganz kleine Pause machen. Also: bitte die Wörter **nicht** verbinden!

PROJEKT

Eine Geburtstagsüberraschung

Zu zweit. Sucht euch jemanden aus der Klasse aus und plant eine Geburtstagsüberraschung für sie/ihn. Ordne die Sätze zu.

1. Also, dann machen wir es so: Wir ...
2. Ich habe eine Idee: Wollen wir zusammen ...? Wir können ...
3. Das ist eine gute Idee. Sie/Er ... gern.
4. Das ist nicht so gut. Sie/Er ... nicht gern.
5. Ich habe einen Vorschlag: Wollen wir vielleicht ...? Wir können ...
6. Das macht ihr/ihm keinen großen Spaß, glaube ich.
7. Das gefällt mir.
8. Das macht ihr/ihm sicher großen Spaß.

einen Vorschlag machen	zustimmen	ablehnen	das Ergebnis zusammenfassen
2., ...	...	...	...

Was könnt ihr machen? Diskutiert.

- Ich habe eine Idee: Wir können mit Paul eine Fahrradtour machen. Wir können zusammen von zu Hause losfahren und um den Mondsee fahren.
- Das macht Paul keinen großen Spaß, glaube ich. Er fährt nicht so gern Fahrrad. Aber wir können vielleicht ...

Stellt eure Geburtstagsüberraschung in der Klasse vor.

Wir schenken Paul zum Geburtstag einen gemeinsamen Ausflug an einen Badesee. Wir machen es so: Wir fahren zusammen mit der Bahn ...

DAS KANN ICH SCHON!

- Was können wir Viktoria/Max schenken?
  - Wir schenken ihr/ihm …
    einen blauen Pullover.
    ein interessantes Buch.
    eine rote Hose.
    schwarze Handschuhe.

- Wie gefällt dir …
  - der blaue Mantel?
    - 🙂 Der blaue Mantel gefällt mir. Den blauen Mantel nehme ich.
  - das grüne T-Shirt?
    - ☹ Das grüne T-Shirt gefällt mir nicht. Das grüne T-Shirt nehme ich nicht.
  - die rote Jacke?
    - 🙂 Die rote Jacke gefällt mir. Die rote Jacke nehme ich.
  - die blauen Joggingschuhe?
    - ☹ Die blauen Joggingschuhe gefallen mir nicht. Die blauen Joggingschuhe nehme ich nicht.

- Den Wievielten haben wir heute?
  - Heute haben wir den 16. (sechzehnten) November.
- Der Wievielte ist morgen?
  - Morgen ist der 17. (siebzehnte) November.
- Wann hat Frau Berger Geburtstag?
  - Am 17. (siebzehnten) November hat Frau Berger Geburtstag.

- Wie alt wirst du dieses Jahr?
  - Ich werde dieses Jahr 16.
- Wie alt wird Anna dieses Jahr?
  - Anna ist 2002 geboren. Also wird sie dieses Jahr … Jahre alt.

- Gehen wir zusammen zur Party? Wo treffen wir uns?
  - Wir treffen uns …
    am großen Sportplatz.
    vor dem neuen Café.
    vor der neuen Eisdiele.

- Was soll ich / sollen wir tun?
  Soll ich eine Torte backen?
  Sollen wir den Raum dekorieren?
  - Ja, back eine Torte!
  - Ja, dekoriert den Raum!

- Ich habe eine Idee:
  Wollen wir zusammen …?
  Wir können …
  - 🙂
  - Das ist eine gute Idee. Sie/Er … gern.
  - Das macht ihr/ihm sicher großen Spaß.
  - Das gefällt mir.
  - Also, dann machen wir es so: Wir …

- Ich habe einen Vorschlag:
  Wollen wir vielleicht …?
  Wir können …
  - ☹
  - Das macht ihr/ihm keinen so großen Spaß, glaube ich.
  - Das ist nicht so gut. Sie/Er … nicht gern.

LANDESKUNDE

Gute Wünsche

1 **Was wünscht man zu welchem Anlass? Lies die Nachrichten und ordne zu.**

1. zum Geburtstag (?) (?) (?)
2. zu Weihnachten (A) (?) (?)
3. zu Silvester (?) (?)
4. zu einer bestandenen Prüfung (?) (?) (?)

A
Liebe Lisa, ich wünsche dir frohe Weihnachten! 🎄
Iss nicht zu viele Plätzchen! 😉
Bis ganz bald, dein Georg

B
Lieber Marcel, alles Gute zu deinem 15.!
Die Sonne soll immer für dich scheinen. ☀️

C
Liebe Familie van der Donk,
wir wünschen euch von ganzem Herzen
fröhliche und erholsame Feiertage und eine
besinnliche und friedliche Zeit!
Eure Nachbarn

E
Liebe Sophie,

endlich hast du deinen Abschluss geschafft. Du hast in den letzten Monaten viel getan und viel gelernt und nun bist du am Ziel angekommen und hast deine Ausbildung bestanden.
Wir wünschen dir nur das Beste für deine Zukunft.

Oma und Opa

D
Susana, zum neuen Jahr
wünsche ich dir Glück, Gesundheit
und 365 spannende Tage.
Guten Rutsch!

Liebe Julia, viel Glück, Gesundheit und Zufriedenheit für dein neues Lebensjahr. Alle deine Träume sollen in Erfüllung gehen! Eine feste Umarmung aus der Ferne von deiner Tante. 😚💐

F

Frohes Neues Jahr, Alex! Und alles Glück der Welt. Ich freue mich auf ein weiteres gemeinsames Jahr mit dir.
Deine Vanessa

G

Endlich volljährig! Ich gratuliere dir herzlich, lieber Lou, und ich denke fest an dich und wünsche dir alles Gute. Hab einen wunderbaren Tag mit wunderbaren Menschen.
Deine Dani

H

GLÜCKWUNSCH,
LIEBE TOCHTER!

Heute ist ein ganz besonderer Tag. Wir sind sehr stolz auf dich und gratulieren dir herzlich zum Abitur. Auch in Zukunft werden wir immer an deiner Seite sein.

Deine stolzen Eltern

I

Sehr geehrte Frau Seitz,

ein frohes Fest voller Licht und Freude mit der ganzen Familie wünsche ich Ihnen. Frohe Festtage!

Ihre
Christiane Winkler

J

Liebe Schülerinnen, liebe Schüler,
ihr habt einen großen Meilenstein geschafft! Das viele Lernen hat sich gelohnt.
Ihr könnt stolz auf euch sein!
Herzlichen Glückwunsch zum bestandenen Abitur!
Eure Lehrerinnen und Lehrer

K

2 **Schreib eine Nachricht an deine Partnerin / deinen Partner. Zu welchem Anlass möchtest du ihr/ihm gratulieren? Markiere passende Ausdrücke in den Texten in Aufgabe 1.**

Liebe/Lieber ...,
...
Deine/Dein ...

GRAMMATIK AUF EINEN BLICK

Verb *werden*

	werden
ich	werd-**e**
du	wir-**st**
er/es/sie	wir-**d**
wir	werd-**en**
ihr	werd-**et**
sie/Sie	werd-**en**

Ergänze.

1. Wie alt [?] du dieses Jahr?
2. Dieses Jahr [?] ich 15.
3. Die Zwillinge haben morgen Geburtstag. Sie [?] 12 Jahre alt.
4. Opa Klaus [?] nächste Woche 80.

Modalverb *sollen*

	sollen
ich	soll
du	soll-**st**
er/es/sie	soll
wir	soll-**en**
ihr	soll-**t**
sie/Sie	soll-**en**

Soll ich Max abholen?
Sollen wir uns um die Musik kümmern?

Ergänze.

1. [?] ich eine Torte backen?
2. Alina [?] mit ihren Eltern sprechen.
3. Tommi und Jan [?] sich um die Musik kümmern.
4. [?] wir den Raum dekorieren?
5. Noah [?] Max abholen.

Verben mit Präpositionen

mit Akkusativ	mit Dativ
sich interessieren **für**	sich verabreden **mit**
etwas erzählen **über**	sich treffen **mit**
sich kümmern **um**	träumen **von**
warten **auf**	sprechen **mit**
aufpassen **auf**	etwas vereinbaren **mit**
	teilnehmen **an**

Ergänze.

1. Verabredest du dich oft mit dein[?] Freundin?
2. Träumst du oft von d[?] Schule?
3. Sprichst du oft mit dein[?] Opa?
4. Kümmerst du dich um dein[?] Geschwister?
5. Musst du oft auf dein[?] klein[?] Schwester aufpassen?
6. Erzählst du mir etwas über dein[?] letzt[?] Urlaub?

Adjektivdeklination
nach unbestimmtem Artikel, Negativartikel und Possessivartikel

	Nominativ	Akkusativ	Dativ
maskulin	ein neu**er** Helm	einen neu**en** Helm	einem neu**en** Helm
neutral	ein toll**es** Geschenk	ein toll**es** Geschenk	einem toll**en** Geschenk
feminin	eine gut**e** Idee	eine gut**e** Idee	einer gut**en** Idee
Plural	– schön**e** Geschenke	– schön**e** Geschenke	– schön**en** Geschenken

genauso: *kein-, mein-, dein-, sein-, …*

nach bestimmtem Artikel

	Nominativ	Akkusativ	Dativ
maskulin	der neue Helm	den neuen Helm	dem neuen Helm
neutral	das tolle Geschenk	das tolle Geschenk	dem tollen Geschenk
feminin	die gute Idee	die gute Idee	der guten Idee
Plural	die schönen Geschenke	die schönen Geschenke	den schönen Geschenken

Ergänze.

Das ist/sind ...
1. ein interessant ? Buch.
2. blau ? Schuhe.
3. eine toll ? Jacke.
4. ein leicht ? Rucksack.

Ich kaufe ...
5. das interessant ? Buch.
6. die blau ? Schuhe.
7. die toll ? Jacke.
8. den leicht ? Rucksack.

Mit ...
9. einem interessant ? Buch.
10. den blau ? Schuhen.
11. der toll ? Jacke.
12. einem leicht ? Rucksack.

Verben mit Akkusativ und Dativ

Wir schenken	Sami	einen neuen Pullover.
Wir schenken	ihn	Sami.
Wir schenken	ihn	ihm.

aus und *bei* mit Dativ

aus + Dativ	ein Zelt **aus** bunten Decken, Palmen **aus** Plastik
bei + Dativ	Ich habe **bei** guten Freunden gefeiert.

***aus* oder *bei*? Ergänze.**
1. Die Blumen sind ? Plastik.
2. Ich feiere Weihnachten ? meinen Eltern.
3. Eine Schorle ist ? Wasser und Saft.
4. Wie heißt Lea mit Nachnamen?
   ? wem muss ich klingeln?

Datumsangaben

Nominativ	Heute ist **der 5.** (**fünfte**) April.
Akkusativ	Heute haben wir **den 5.** (**fünften**) April.
Dativ	Ich habe **am 5.** (**fünften**) April Geburtstag.

Ergänze.
1. Wir haben heute den (7.) ? Mai.
2. Ich habe am (12.) ? September Geburtstag.
3. Ist heute der (29.) ? Dezember?

Jahreszahlen

1999:	neunzehnhundertneunundneunzig
2002:	zweitausendzwei

Ergänze.
1. 2022 zweitausendzweiundzwanzig
2. 1999 ?
3. 2012 ?
4. 1988 ?

→ AB S. 14 - 16

TRAINING

LESEN

1 Lies den Text. Wer sagt die Wahrheit? Jana oder Carmen?

www.juz-gewissensfrage.net

Wenn Geschenke nicht gefallen ...

Es ist Weihnachten und Tante Erika hat sich wieder besondere Mühe mit deinem Geschenk gegeben. Sie hat rote Socken und eine Mütze für dich gestrickt. Nur: Du magst selbstgestrickte Socken und Mützen überhaupt nicht.

Jeder von uns kennt solche Geschenke. Wie reagiert ihr darauf? Was macht ihr mit Geschenken, wenn sie euch nicht gefallen?

Jana

Oh ja, ich kenne solche Situationen. Aber ich denke, dass die Leute sich mit den Geschenken viel Mühe gegeben und Zeit oder Geld investiert haben. Also bedanke ich mich und ich kann ihnen nicht sagen, dass mir die Geschenke in Wahrheit nicht gefallen. Ich finde das unhöflich, undankbar und nicht sehr nett.
Die Sachen schenke ich dann entweder weiter oder ich verkaufe sie. Einfach wegwerfen möchte ich sie nicht. Einige Geschenke habe ich auch schon an ein Kinderheim in unserer Nähe gespendet.

Carmen

Meine Oma hat mir immer ganz furchtbare Sachen zu Weihnachten geschenkt. Sie hat viel Geld ausgegeben und die Sachen waren jahrelang unbenutzt in einer Schublade. Das habe ich sehr schade gefunden. Ich habe dann dieses Weihnachten mit meiner Oma gesprochen und ihr die Wahrheit gesagt. Ich hatte sehr viel Angst vor dem Gespräch. Aber meine Oma hat verstanden, dass wir einfach einen unterschiedlichen Geschmack haben. In meiner Familie möchten wir es nun so machen, dass wir vor Weihnachten offen über unsere Wünsche sprechen. Und wir möchten uns weniger materielle Dinge schenken, dafür mehr „Zeit“, das heißt, dass wir gemeinsam etwas unternehmen. Meiner Schwester schenke ich zum Beispiel zum nächsten Geburtstag eine gemeinsame Wanderung mit Alpakas.

2 Lies den Text noch einmal. Ist das richtig (R) oder falsch (F)?

	R	F
1. Jana meint, dass die Leute sich mit den Geschenken nicht viel Mühe gegeben haben.	?	?
2. Sie bedankt sich nicht für solche Geschenke und sagt offen, dass sie ihr nicht gefallen.	?	?
3. Sie wirft die Geschenke weg.	?	?
4. Sie verschenkt, verkauft oder spendet die Geschenke.	?	?
5. Carmen haben die Geschenke von ihrer Oma nicht gefallen, aber sie hat sie benutzt.	?	?
6. Das Gespräch mit ihrer Oma war nicht gut, weil Carmen so viel Angst hatte.	?	?
7. Carmens Familie möchte sich in Zukunft nichts mehr schenken.	?	?
8. Carmen schenkt ihrer Schwester zum nächsten Geburtstag einen Ausflug mit Tieren.	?	?

3 Wenn dir ein Geschenk nicht gefällt: Wie reagierst du?

SCHREIBEN

4 Antworte auf die E-Mail von Tanja. Schreib zu allen Punkten.

Liebe/r … ,

wie du weißt, habe ich am 22. Juni Geburtstag. Ich werde endlich 16! Ich gebe eine Party und möchte dich einladen.
Lisa, Nicole und Felix kommen auch.
Die Party findet bei mir zu Hause im Garten statt – ich hoffe, es regnet nicht!
Die Party beginnt um 15:00 Uhr. Kannst du deine Gitarre mitbringen? Dann können wir zusammen Musik machen.
Kannst du vielleicht auch etwas zu Trinken mitbringen?
Ich freue mich schon!

Liebe Grüße

Tanja

- Danke Tanja für die Einladung.
- Du hast Zeit und kommst gern.
- Du freust dich, dass auch Lisa, Nicole und Felix eingeladen sind.
- Was bringst du alles mit?
- Kann auch deine Freundin Rita mitkommen (sie spielt auch Gitarre)?

Liebe Tanja,

ich habe gerade deine Mail gelesen und antworte dir sofort …

HÖREN

037 ## 5 Hör das Gespräch und ergänze.

1. Wer feiert? ?
2. Was feiern sie? *10. Hochzeitstag*
3. Was schenkt der Mann seiner Frau? ?
4. Wo/Wie feiern sie? ?

SPRECHEN

6 Sieh das Foto an und sprich darüber.

1. Was siehst du auf dem Bild?
2. Wo/Wer sind die Leute?
3. Was feiern sie?
4. Was meinst du: Gibt es Probleme mit den Nachbarn? Warum?

15

VIDEO

VIDEO 15 Wir gehen auf den Rummel

1 **Leon lädt Bea zu ihrem Geburtstag auf den Rummel ein. Sieh dir das Video an. Was gibt es auf einem Rummelplatz? Ordne zu.**

1 ?

2 c

3 ?

4 ?

5 ?

6 ?

a. das Karussell
b. das Los
c. der Shaker
d. der Imbissstand
e. die Geisterbahn
f. das Riesenrad

2 **Was machen Bea und Leon auf dem Rummel? Sieh das Video an und bring die Sätze in die richtige Reihenfolge.**

1 ?

2 ?

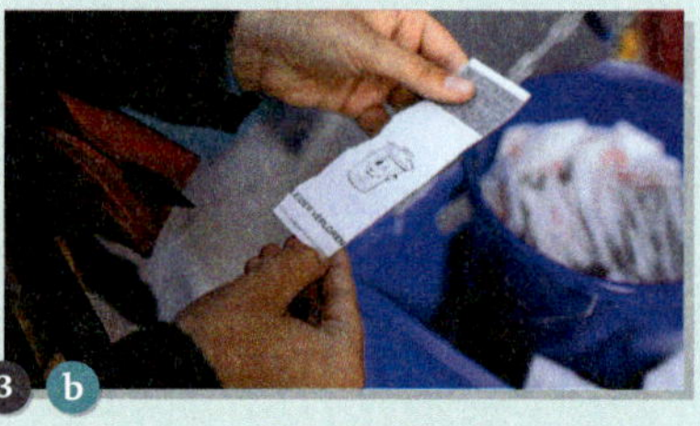
3 b

4 ?

5 ?

a Bea und Leon fahren mit dem Shaker.

b Bea kauft ein Los, aber sie gewinnt nichts.

c Bea und Leon essen Zuckerwatte.

d Leon fährt mit der Geisterbahn.

e Bea und Leon fahren mit dem Riesenrad.

3 **Wer sagt was? Leon (A) oder Bea (B)? Ordne zu. Sieh dir dann das Video noch einmal an und kontrolliere.**

1. Wir wollen heute auf den Rummel gehen. (A)
2. Spaß garantiert für große und kleine Besucher. (?)
3. Da vorne kann man Lose kaufen. (?)
4. Ach, wie schade. Leider verloren. (?)
5. Ich mag keine Geisterbahnen. Da bekomme ich Angst. (?)
6. Aber danach fahren wir mit dem Riesenrad. (?)
7. Das ist eine Zuckerwatte für dich und eine für mich. (?)
8. Jetzt gehen wir zum Shaker. Er ist da hinten. (?)
9. Der Shaker ist cool und er ist sehr schnell. (?)

4 **Nach dem Sehen. Ergänze den Text.**

Teddybären | Riesenrad | Geisterbahn | verloren | Los | aufregend | Angst | Rummel | Zuckerwatte | Shaker | Fahrgeschäfte

Bea und Leon sind heute auf dem (1) (?). Auf einem Rummelplatz gibt es viele (2) (?) wie z. B. den Shaker oder das Riesenrad. Zunächst kauft Bea aber ein (3) (?), denn sie möchte einen (4) (?) gewinnen. Aber sie hat kein Glück, sie hat leider (5) (?). Leon fährt mit der (6) (?), aber Bea fährt nicht mit, weil sie (7) (?) hat. Inzwischen kauft sie (8) (?). Das findet Leon nett. Danach fahren beide mit dem (9) (?). Und schließlich mit dem (10) (?). Bea findet den Shaker sehr (11) (?).

5 **Nach dem Sehen. Zu zweit. Was antwortet Leon? Schreibt Sätze.**

Was hast du gestern gemacht?

Ich war auf dem Rummel.

Mit wem warst du dort?

(?)

Was habt ihr alles gemacht?

(?)

Hat es dir gefallen?

(?)

16 Auf Reisen ...

A Ich möchte gern ans Meer

1 **Was passt zusammen? Ordne die Texte den Fotos zu.**

1 ?

2 ?

3 ?

URLAUB

Das erste Mal allein in Urlaub – wohin geht es?

A **EMIL**

Ich lebe in München und ich fahre an den Wochenenden oft in die Berge zum Bergsteigen und zum Klettern. Nach dem Abitur möchte ich auf jeden Fall etwas ganz Besonderes machen: Ich möchte allein von München zu Fuß über die Alpen nach Venedig laufen. Von München nach Venedig sind es 550 Kilometer und über 20.000 Höhenmeter. Dafür braucht man ca. 30 Tage. Pro Tag geht man sieben bis acht Stunden. Ohne Pausen, das ist die reine Gehzeit. Das ganze Gepäck nimmt man im Rucksack mit. Im besten Fall hat man nicht mehr als 10 Kilo auf dem Rücken, dann ist der Rucksack nicht so schwer und stört nicht so. Zum Glück bin ich schon lange Mitglied im Alpenverein. Als Mitglied kann ich günstig auf Hütten übernachten. Man muss sich das Zimmer zwar mit anderen Leuten teilen, aber dafür kostet es im Schnitt auch nur 13 Euro pro Nacht. Und es gibt eine Ermäßigung beim Essen. Ein Essen darf nicht mehr als 11 Euro kosten. Trotzdem wird die Reise natürlich nicht ganz billig und ich jobbe schon jetzt vor dem Abitur und trage Zeitungen aus. Meinen Verdienst spare ich für meine große Tour.

B **RONJA**

Im Mai werde ich 17 Jahre alt und meine Eltern haben mir erlaubt, dass ich im Sommer zum ersten Mal allein verreise. Nun gut, nicht ganz allein. Mein großer Bruder ist dabei und wir wollen zwei Wochen mit Interrail durch Europa reisen. Interrail funktioniert so: Man kauft ein Interrail-Ticket und damit kann man ganz flexibel mit dem Zug durch 33 europäische Länder reisen. Mein Bruder und ich streiten uns also jetzt schon über die Reiseroute. Ich will unbedingt so oft wie möglich ans Meer, in die Wärme in den Süden und unbedingt auch auf eine Insel. Ich war nämlich noch nie am Meer und natürlich haben alle meine Freundinnen schon Urlaub am Meer gemacht und haben ständig romantische Sonnenuntergangsfotos in den sozialen Netzwerken gepostet. Dieses Jahr bin ich dran und meine Freundinnen dürfen sich täglich auf ein Sonnenuntergangsfoto freuen!

Mein Bruder möchte eher Stadturlaub machen und er möchte gern in den Norden. Er möchte nach Kopenhagen, nach Stockholm und möchte möglichst noch nach Estland und Lettland. Wie wir das in zwei Wochen schaffen wollen, weiß ich nicht, aber ich bin sicher, am Ende finden wir eine gute Route.

C JOSIP

Letztes Jahr habe ich in einer Projektwoche in der Schule zum ersten Mal von „international workcamps“ gehört und war gleich begeistert davon. Man verbringt zwei bis vier Wochen lang im Ausland mit Leuten aus der ganzen Welt und engagiert sich für ein soziales Projekt. An den meisten Projekten kann man erst ab 18 teilnehmen, aber es gibt auch Angebote für Jüngere. Ich fahre diesen Sommer zum ersten Mal ohne meine Eltern für zwei Wochen nach Griechenland und arbeite dort mit einer Gruppe von Gleichaltrigen an einem Projekt zum Thema ökologische Landwirtschaft mit. Das Tolle ist: Die Gruppe ist international, wir müssen also untereinander alle Englisch sprechen. Wir arbeiten ca. 20 Stunden pro Woche mit und lernen dabei ganz viel über ökologische Landwirtschaft. Der Rest ist Freizeit: Wir baden zusammen, gehen wandern und machen Fahrradtouren. Gruppenleiter und Gruppenleiterinnen sind die ganze Zeit dabei und passen auf uns auf. Meine Eltern müssen natürlich eine Pauschale für das Projekt bezahlen, aber dafür sind Unterkunft und Verpflegung umsonst. Wir wohnen in Zelten und kochen gemeinsam. Ich bin schon total gespannt.

2 Lies die Texte noch einmal. Sind die Sätze richtig oder falsch? Korrigiere die falschen Sätze.

1. Emil möchte nach dem Abitur von München nach Venedig fahren.
2. Die Tour dauert ungefähr dreißig Tage, wenn man pro Tag ca. sieben bis acht Stunden wandert.
3. Als Mitglied im Alpenverein bekommt Emil besondere Preise für Übernachtungen und Essen.
4. Ronja und ihr Bruder möchten im Urlaub mit dem Zug durch Europa fahren.
5. Ronja möchte in den Süden ans Meer. Sie war schon oft am Meer.
6. Ronjas Bruder will im Süden Städte besichtigen.
7. Josip fährt mit seinen Eltern im Sommer für vier Wochen nach Griechenland.
8. Er arbeitet ca. 20 Stunden wöchentlich bei einem landwirtschaftlichen Projekt mit.
9. Die Gruppe wandert, badet und macht Klettertouren in der Freizeit. Abends kochen sie zusammen.

1. Falsch. Emil möchte nach dem Abitur von München nach Venedig ~~fahren~~. gehen
2. Richtig

vor/nach + Dativ

vor dem Abitur ← das Abitur → **nach** dem Abitur

3 Zu zweit. Was macht Emil vor und nach der Tour? Ordnet zu und sprecht.

1. davor
2. danach

a. jobben, Zeitungen austragen
b. die Route aufs Handy laden
c. einen Blog über die Reise schreiben
d. den Rucksack packen
e. den Rucksack wieder auspacken

Vor der Tour jobbt Emil. Er trägt Zeitungen aus.

4 Wen möchtest du in den Urlaub begleiten? Sprecht in der Klasse.

Ich finde den Urlaub von Emil toll! Ich liebe die Berge und möchte auch einmal ...

038 **5** **Wie machen die Leute Urlaub? Hör die Interviews und ordne die Namen zu.**

Beate = B

Annika = A

Timo = T

Martin = M

Wohin?	Unterkunft?	Aktivitäten?
(?) nach Irland, nach Dublin	(?) Wohnmobil	(?) viel Zeit am Meer verbringen, baden, surfen, Kinder spielen am Strand
(?) nach Österreich, ins Gebirge	(?) Hotel	(?) tagsüber wandern und klettern, abends spielen
B nach Italien, auf eine Insel	(?) Gastfamilie	(?) vormittags Sprachkurs, nachmittags Stadtbesichtigung, Sport, Ausflüge ans Meer
(?) nach Norwegen	(?) Berghütte	(?) Fjorde sehen, Outdoor-Aktivitäten erleben: wandern, schwimmen, Kajak fahren, Fahrrad fahren

Lokale Präpositionen: Ortsangaben

Wohin? + Akkusativ	**Wo? + Dativ**
nach Deutschland/Österreich/Irland	**in** Deutschland/Österreich/Irland
nach Berlin/Dublin	**in** Berlin/Dublin
nach Sardinien	**auf** Sardinien
in die Schweiz/**die** USA	**in der** Schweiz/**den** USA
an den See/Strand	**am** See/Strand
ans Meer	**am** Meer
an die Küste	**an der** Küste
auf eine Insel	**auf einer** Insel
in den Süden/Norden/Wald	**im** Süden/Norden/Wald
ins Gebirge	**im** Gebirge
in die Berge	**in den** Bergen
⚠ an + das = ans	⚠ an + dem = am
⚠ in + das = ins	⚠ in + dem = im

6 **Macht eine Kettenübung.**

Wohin möchtest du nächsten Sommer fahren? → Ich möchte ans Meer fahren. Und du?
→ Ich möchte nach Wien fahren. Und du?

7 **Zu dritt. Spielt Dialoge wie im Beispiel.**

Ich fahre im Sommer ins Gebirge. Kommt ihr mit?

Ins Gebirge? Ja, ich komme gern mit. Ich bin gern im Gebirge.

Nein, danke. Ich bin nicht gern im Gebirge. Ich möchte lieber ans Meer fahren.

→ AB S. 17 - 20

B Wie war das Wetter in der Türkei?

039 **8 Hör zu und bring die Sätze in die richtige Reihenfolge.**

- ? Leider hat das Wetter nicht mitgespielt. Es hat oft geregnet und es war ziemlich kühl.
- ? Ja, ich war bei meinen Verwandten, aber so toll war es nicht.
- ? Du hast echt Glück gehabt! Normalerweise ist es umgekehrt: schönes Wetter in der Türkei und schlechtes Wetter hier in Deutschland!
- ? Schade! Ich war in Bayern und dort war das Wetter sehr schön: jeden Tag Sonne und Temperaturen bis 30 Grad!
- 1 Sami, du warst im Urlaub in der Türkei, nicht wahr? Wie war's?
- ? Wieso?

9 Beantworte die Fragen.

1. Wo war Sami in Urlaub? *In der Türkei.*
2. Wen hat Sami dort besucht? ?
3. Wie war das Wetter dort? ?
4. Wo war Hanna in Urlaub? ?
5. Wie war das Wetter dort? ?

040 **10 Wie ist das Wetter? Hör zu und sprich nach.**

der Regen
Es regnet.
Es ist regnerisch.

die Sonne
Die Sonne scheint.
Es ist sonnig.

die Wolken
Es ist bewölkt.

der Schnee
Es schneit.

der Wind
Es ist windig.
der Sturm
Es ist stürmisch.

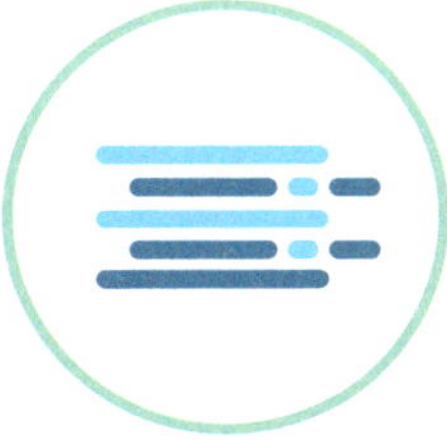

der Nebel
Es ist neblig.

Es ist ...

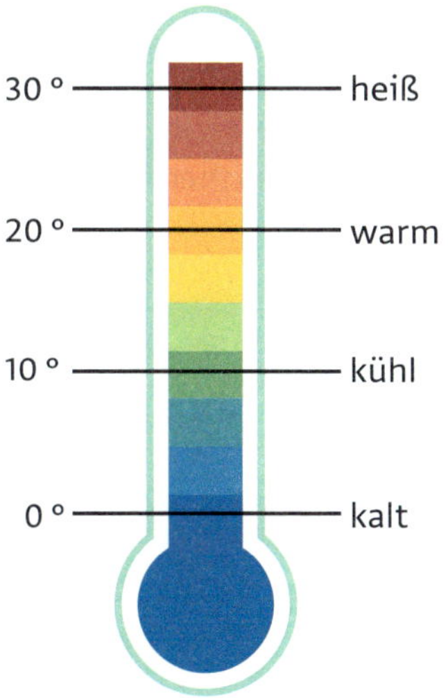

Nomen → Adjektive

Regen/Sturm → reg**nerisch**, stür**misch**
Sonne/Wind/Nebel → sonn**ig**, wind**ig**, nebl**ig**

041 **11 Wetterbericht. Hör zu und schreib die Informationen in dein Heft.**

	sonnig	bewölkt	windig	Regen	Temperaturen
Norddeutschland	?	✕	?	?	18 Grad
Süddeutschland	?	?	?	?	?
Ostdeutschland	?	?	?	?	?
Westdeutschland	?	?	?	?	?

12 Lies die Wetterberichte und ordne die Fotos zu.

1 ?

2 ?

3 ?

A Heiße Luft kommt nach Deutschland! In den kommenden Tagen erwarten wir Temperaturen von bis zu 32 Grad. Tagsüber trocken, aber Achtung: Abends und nachts sind lokale Gewitter wahrscheinlich!

B Es wird nass! Heute erwarten wir in Hessen starken Regen und kräftigen Wind. Die Temperaturen steigen nicht über kühle 9 Grad.

C Eis und Schnee beeinträchtigen heute weite Teile Österreichs. Gefrierender Regen führt zu massiven Behinderungen im öffentlichen Nahverkehr.

Adjektivdeklination nach Nullartikel

	Nominativ	Akkusativ	Dativ
maskulin	stark**er** Regen	stark**en** Regen	stark**em** Regen
neutral	schön**es** Wetter	schön**es** Wetter	schön**em** Wetter
feminin	heiß**e** Luft	heiß**e** Luft	heiß**er** Luft
Plural	lokal**e** Gewitter	lokal**e** Gewitter	lokal**en** Gewitter**n**

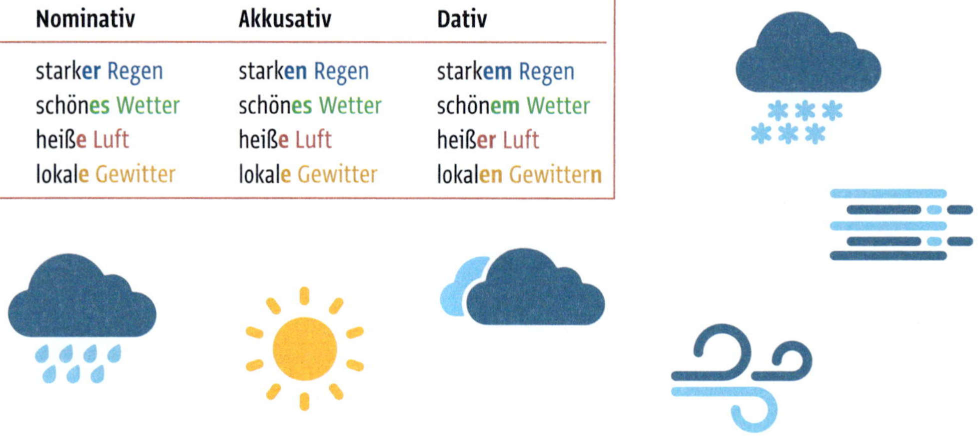

13 Wettermeldungen. Ergänze die Endungen.

1. Achtung! Warnung vor stark[?] Regen und kräftig[?] Wind!

2. Blau[?] Himmel, schön[?] Wetter und warm[?] Temperaturen für einen perfekten Ferienstart.

3. Kühl[?] Norden und warm[?] Süden: Die Temperaturen unterscheiden sich deutlich in den kommenden Tagen.

4. Heiß[?] Luft kommt von der Sahara bis in die Schweiz!

5. Achtung! Warnung vor lokal[?] kräftig[?] Gewittern im Osten Deutschlands!

6. Vergessen Sie nicht: Bei groß[?] Hitze unbedingt viel Wasser trinken!

14 Lies die Informationen. Spielt dann Dialoge wie im Beispiel.

Wer?	Hanna	Sami	Beate	Annika	Mirko
Wo?	Deutschland, Bayern	Türkei	Italien	Irland, Dublin	Schweiz, Tessin
Wann?	August	Juli	Sommer	August	Dezember
Wetter?	heiß, Sonne, abends oft Gewitter	windig, kühl, Regen	heiß, Sonne, aber sehr windig	Regen, kühl	kalt, Schnee
Was?	lange Wanderungen machen	Verwandte, gute Freunde besuchen	baden	Sprachkurs besuchen	Ski fahren

- Wo war Hanna in Urlaub?
- Wann war sie dort?
- Wie war das Wetter?
- Was hat sie gemacht?

- Sie war in Deutschland, in Bayern.
- Im August.
- Schön! Es war heiß und sonnig. Abends hat es oft Gewitter gegeben.
- Sie hat lange Wanderungen gemacht.

15 Was ist deine Lieblingsjahreszeit und dein Lieblingswetter? Sprecht in der Klasse.

→ AB S. 21 - 23

C Das würde ich gern sehen!

16 **Lies den Chat und ordne die Beiträge A–F den Fotos zu.**

1 ?

2 ?

3 ?

4 C

5 ?

6 ?

Wir fahren nach Wien!

Liebe Schülerinnen, liebe Schüler,
wir freuen uns schon sehr auf unsere Klassenfahrt im Juni nach Wien. Gern möchten wir eure Wünsche und Erwartungen an diese Fahrt bei der Organisation berücksichtigen. Schreibt eure Anregungen bitte bis 5. Februar in dieses Forum.

Jürgen Wahl, Klassenlehrer der 10a, und Heike Sibbel, Mathematik- und Sportlehrerin

A **ALICE** Im Juni gibt es ein Musikfestival auf der Donau-Insel. Das würde ich gern besuchen, denn ich finde Festivals einfach toll!

B **MATS** Es wäre schön, wenn das Programm diesmal nicht so voll ist. Ich würde gern viel Freizeit mit den anderen verbringen und hätte auch gern mal Zeit für Sport.

C **FRANCESCO** Ich würde gern mehr über die Geschichte von Wien und Österreich lernen. Vielleicht könnten wir einen historischen Stadtrundgang machen und ich hätte auch Lust, dass wir ein Museum besuchen.

D **AZRA** In Wien gibt es die bekannte Spanische Hofreitschule. Ich liebe Pferde! Die Reitschule würde ich mir sehr gern ansehen. Man kann dort morgens hin und bei der Arbeit mit den Pferden zusehen.

E **BEN** In Wien ist auch das Büro der Vereinten Nationen. Ich würde das gern besuchen. Eine Führung dort wäre toll. So erfährt man, wie und wofür die Vereinten Nationen arbeiten. Das finde ich spannend.

F **CAN** Ich habe gelesen, dass es eine tolle Rallye durch Wien gibt. Man lernt so die ganze Stadt kennen und kann dabei Rätsel lösen. Mehrere Gruppen könnten gegeneinander spielen. Das würde ich gern machen.

17 **Lies die Texte noch einmal. Wer möchte was in Wien machen? Sprich mit deiner Partnerin / deinem Partner.**

- Wer möchte eine Rallye durch Wien machen?
- Can.
- Und warum?
- Weil man so die ganze Stadt ...

18 **Wünsche ausdrücken. Such die Formen in den Texten in Aufgabe 16. Ergänze.**

Konjunktiv II

	könnte	**würde**	**wäre**	**hätte**
ich	könnte	?	wäre	?
du	könntest	würdest	wär(e)st	hättest
er/es/sie	könnte	würde	?	hätte
wir	?	würden	wären	hätten
ihr	könntet	würdet	wär(e)t	hättet
sie/Sie	könnten	würden	wären	hätten

So kannst du Wünsche ausdrücken:
- Wir **könnten** ein Museum besuchen.
- Ich **würde** gern ein Museum besuchen.
- Es **wäre** schön, wenn wir ein Museum besuchen **würden**.
- Ich **hätte** Lust, dass wir ein Museum besuchen.

042 **19** **Weitere Wünsche von der Klasse. Hör das Gespräch, ordne zu und ergänze.**

1. Justus
2. Maria

a. sagt, es ? toll, wenn sie in ein österreichisches Lokal gehen würden.
b. ? gern eine Schifffahrt machen und baden gehen.
c. ? gern Zeit zum Shoppen und ? der Familie gern Wiener Souvenirs mitbringen.
d. ? gern Schloss Schönbrunn besichtigen.
e. ? Lust auf eine Fahrradtour durch Wien.

20 **Plant eure Klassenfahrt für dieses Jahr. Diskutiert in der Klasse.**

→ AB S. 24 - 25

AUSSPRACHE

043 **1. Satzakzent. Hör zu und markiere in jedem Satz die betonten Wörter.**

In den Sommerferien sind wir nach Sardinien geflogen.
Auf der Insel war es heiß und sonnig.
Manchmal war es aber auch sehr windig.
Nach zwei Wochen sind wir zurück nach Hause gefahren.
Dort war es natürlich kalt und regnerisch!

043 **2. Hör noch einmal und sprich nach.**

044 **3. Aus *a* wird *ä*. Hör zu und sprich nach.**

warm – Wärme　kalt – Kälte　Tag – täglich　Kraft – kräftig
Stadt – Städte　Platz – Plätze　Strand – Strände　Land – Länder

⚠ Du sprichst **ä** wie ein offenes **e**, aber du schreibst **ä**, weil Wörter mit **ä** meistens von Wörtern mit **a** kommen.

045 **4. Wirklichkeit oder Wunsch? Hör zu und kreuze an.**

	Wirklichkeit	Wunsch
1. Es war so toll!	?	?
2. Es wäre so toll!	?	?
3. Ich hätte so gern Urlaub!	?	?
4. Ich hatte so gern Urlaub!	?	?

045 **5. Hör noch einmal und sprich nach.**

046 **6. Hörst du das *r*? Hör zu und sprich nach.**

Wetter – Meer – Urlaub – Abitur – schwer – Ermäßigung – sehr

Nach langen Vokalen spricht man **r** als Vokal. Dieser klingt ähnlich wie ein **a**, z. B. „U**a**laub". Auch **er** spricht man in nicht betonten Silben als Vokal: „Wett**a**", „**Ea**mäßigung".

PROJEKT

Eine kleine Traumreise

Zu zweit. Macht ein Poster und stellt eure Traumreise in der Klasse vor.

- Wo wärt ihr jetzt gern?
- Wie wäre das Wetter?
- Was würdet ihr machen?

Wir wären jetzt gern in Tirol. Dort wäre Herbst. Es wäre sonnig, aber nicht zu heiß. Wir würden in den Bergen klettern und wandern.

DAS KANN ICH SCHON!

- Wohin fährst du in Urlaub?
  - Ich fahre ...
    nach Deutschland / Österreich / Irland.
    nach Berlin / Dublin.
    nach Sardinien.
    in die Schweiz / in die USA.
    an den See / Strand.
    ans Meer.
    an die Küste / auf eine Insel.
    in den Süden / Norden / Wald.
    ins Gebirge.
    in die Berge.

- Wo warst du im Urlaub?
  - Ich war ...
    in Deutschland / Österreich / Irland.
    in Berlin / Dublin.
    auf Sardinien.
    in der Schweiz / in den USA.
    am See / Strand.
    am Meer.
    an der Küste / auf einer Insel.
    im Süden / Norden / Wald.
    im Gebirge.
    in den Bergen.

- Wie ist das Wetter heute?
  - Es regnet.
  - Es ist sonnig. / Die Sonne scheint.
  - Es ist bewölkt.
  - Es schneit.
  - Es ist windig.
  - Es ist stürmisch.
  - Es ist neblig.
  - Es ist heiß / warm / kühl / kalt.
  - Es sind Gewitter wahrscheinlich.
  - Wir erwarten starken Regen und kräftigen Wind.

- Was würdest du in Wien gern sehen / machen?
  - Es gibt ein Musikfestival. Das würde ich gern besuchen.
  - Ich würde gern eine Rallye durch Wien machen.
  - Wir könnten einen Stadtrundgang machen.
  - Wir könnten Schloss Schönbrunn besichtigen.
  - Ich hätte Lust auf eine Fahrradtour.
  - Ich hätte gern Zeit zum Shoppen.
  - Eine Führung wäre toll.
  - Es wäre toll, wenn wir in ein österreichisches Lokal essen gehen würden.

LANDESKUNDE

www.juz-umfrage.net

< I >

Wohin soll es im Urlaub gehen?

UMFRAGE

JUZ

Wir haben bei 100 Deutschen nachgefragt: Wohin wollen Sie dieses Jahr in den Urlaub fahren? Hier das Ergebnis unserer repräsentativen Umfrage:

Fast 30 % möchten dieses Jahr Urlaub im eigenen Land machen. Insbesondere die Küsten entlang der Nord- und Ostsee sind sehr beliebt für einen Badeurlaub. Das Mittelgebirge und die Alpen sind ideal fürs Wandern und Entspannen. Aber auch Städtetrips liegen hoch im Trend. Berlin, Hamburg und München ziehen auch dieses Jahr wieder viele Urlauber an.

Auf Platz 2 (8 von 100 Befragten) der Reiseziele liegt Spanien. Die Deutschen zieht es zum Badeurlaub aufs spanische Festland, vor allem wegen der milden Temperaturen im Vergleich zu Deutschland. Besonders beliebt sind die spanischen Inseln. Mallorca ist seit Jahren die liebste Urlaubsinsel der Deutschen. Auch spanische Großstädte sind beliebt, an erster Stelle haben die Befragten Madrid und Barcelona genannt.

Platz 3 (7 von 100 Befragten) ist ein Klassiker unter den Urlaubszielen der Deutschen: Italien. Ob Badeurlaub an den langen Sandstränden an der Küste, Wandern in Südtirol, Erholungs- und Wanderurlaub in der Toskana oder Sightseeing in Venedig oder Rom: Italien ist seit vielen Jahren eines der beliebtesten Urlaubsländer der Deutschen.

Platz 4 und 5 (je 4 von 100 Befragten) teilen sich Griechenland und die Türkei. Die angenehmen Temperaturen ermöglichen in beiden Ländern einen Badeurlaub schon im Frühjahr und bis spät in den Herbst hinein. Athen mit der Akropolis und Istanbul mit der Hagia Sophia und der Blauen Moschee sind neben den Stränden die Hauptattraktionen für deutsche Urlauber.

Auf den Plätzen 6 bis 10 liegen Frankreich, die skandinavischen Länder, Österreich, Kroatien und die Niederlande.

1 **Lies den Text und ergänze die Statistik.**

1.	29 %	?
2.	8 %	?
3.	7 %	?
4. und 5.	4 %	? und ?
6. bis 10.	< 4 %	?, ?, ?, ? und ?

2 **Was ist in welchem Land als Reiseziel besonders beliebt? Sprich mit deiner Partnerin / deinem Partner.**

In Deutschland fahren die Leute gern zum Baden an die Nord- und Ostsee.

Und zum Wandern …

GRAMMATIK AUF EINEN BLICK

Konjunktiv II

	könnte	würde	wäre	hätte
ich	könnt-**e**	würd-**e**	wär-**e**	hätt-**e**
du	könnt-**est**	würd-**est**	wär-**(e)st**	hätt-**est**
er/es/sie	könnt-**e**	würd-**e**	wär-**e**	hätt-**e**
wir	könnt-**en**	würd-**en**	wär-**en**	hätt-**en**
ihr	könnt-**et**	würd-**et**	wär-**(e)t**	hätt-**et**
sie/Sie	könnt-**en**	würd-**en**	wär-**en**	hätt-**en**

Wünsche ausdrücken:
Wir **könnten** ein Museum besuchen.
Ich **würde** gern ein Museum besuchen.
Es **wäre** schön, wenn wir ein Museum besuchen **würden**.
Ich **hätte** Lust, dass wir ein Museum besuchen.

✔ **Ergänze.**

1. Marcel [?] jetzt gern schlafen.
2. Anna [?] Lust auf eine Fahrradtour.
3. Wir [?] heute Abend ins Kino gehen.
4. Ich [?] jetzt gern in München.
5. Chris und Alex [?] jetzt gern am Strand liegen.
6. Ich [?] Lust auf einen Kinoabend. Du auch?

Temporale Präpositionen *vor/nach* + Dativ

vor/nach dem Urlaub / dem Abitur / der Schule / den Ferien

vor dem Abitur ← das Abitur → **nach** dem Abitur

✔ **Ergänze.**

1. *Vor der* Schule frühstücke ich. *Nach der* Schule mache ich Hausaufgaben.
2. [?] Abitur lerne ich. [?] Abitur feiere ich.
3. [?] Aufstehen schlafe ich. [?] Aufstehen dusche ich.
4. [?] Urlaub muss ich arbeiten. [?] Urlaub muss ich auch wieder arbeiten.

Lokale Präpositionen: Ortsangaben

Wohin? + Akkusativ	Wo? + Dativ
nach Deutschland / Österreich / Irland	**in** Deutschland / Österreich / Irland
nach Berlin / Dublin	**in** Berlin / Dublin
nach Sardinien	**auf** Sardinien
in die Schweiz / **die** USA	**in der** Schweiz / **den** USA
an den See / Strand	**am** See / Strand
ans Meer	**am** Meer
an die Küste	**an der** Küste
auf eine Insel	**auf einer** Insel
in den Süden / Norden / Wald	**im** Süden / Norden / Wald
ins Gebirge	**im** Gebirge
in die Berge	**in den** Bergen
⚠ an + das = ans	⚠ an + dem = am
⚠ in + das = ins	⚠ in + dem = im

GRAMMATIK AUF EINEN BLICK

Wohin möchte Timo fahren? Ergänze.

1. [?] Österreich
2. [?] Wien
3. [?] Berge
4. [?] Insel Malta
5. [?] Süden von Deutschland
6. [?] Bayerischen Wald

Wo war Timo? Ergänze.

1. [?] Österreich
2. [?] Wien
3. [?] Bergen
4. [?] Insel Malta
5. [?] Süden von Deutschland
6. [?] Bayerischen Wald

Adjektivdeklination nach Nullartikel

	Nominativ	Akkusativ	Dativ
maskulin	stark**er** Regen	stark**en** Regen	stark**em** Regen
neutral	schön**es** Wetter	schön**es** Wetter	schön**em** Wetter
feminin	heiß**e** Luft	heiß**e** Luft	heiß**er** Luft
Plural	lokal**e** Gewitter	lokal**e** Gewitter	lokal**en** Gewitter**n**

Ergänze.

1. Bei schön [?] Wetter bin ich gern draußen.
2. Ich liebe schön [?] Wetter!
3. Schön [?] Wetter macht mich glücklich!
4. Aber zu groß [?] Hitze mag ich gar nicht.
5. Bei groß [?] Hitze bleibe ich zu Hause.
6. Groß [?] Hitze macht mich gar nicht glücklich!
7. Mein Bruder ist ganz anders. Er mag stark [?] Regen und kräftig [?] Wind.
8. Bei stark [?] Regen und kräftig [?] Wind ist er gern draußen.
9. Stark [?] Regen und kräftig [?] Wind machen ihn glücklich!
10. Er mag sogar schwer [?] Gewitter und stark [?] Sturm.

Wortbildung

Aus Nomen kann man Adjektive bilden.

-ig	
die Sonne →	sonn**ig**
⚠ der Nebel →	neb**lig**

Adjektive auf *-ig*. Ergänze.

1. das Eis → *eisig*
2. der Wind → [?]
3. der Durst → [?]
4. der Witz → [?]

-isch	
der Sturm →	st**ü**rm**isch**
⚠ der Regen →	regner**isch**

Adjektive auf *-isch*. Ergänze.

1. Europa → europä*isch*
2. Österreich → österreich [?]
3. Türkei → türk [?]
4. Spanien → span [?]

→ AB S. 26 – 27

TRAINING

LESEN

1 Lies den Text. Löse dann die Aufgaben.

EURE REISEREPORTER UNTERWEGS

Die meisten von uns denken bei dem Wort „Badeurlaub“ an ein warmes Meer, Sonnenschein, Sandstrände und heiße Temperaturen. Doch wir sind heute auf Langeoog. Langeoog ist eine knapp 20 Quadratkilometer große Insel im Norden von Deutschland. Es ist der 18. Juli, es weht ein frischer Wind und die Temperatur liegt bei 19 Grad. Und trotzdem verbringen Millionen Menschen auf den Inseln und an der Nord- und Ostseeküste Deutschlands jedes Jahr ihren Badeurlaub. Familie Weber hat uns gesagt, was sie immer wieder auf die Insel Langeoog zieht und was sie hier machen.

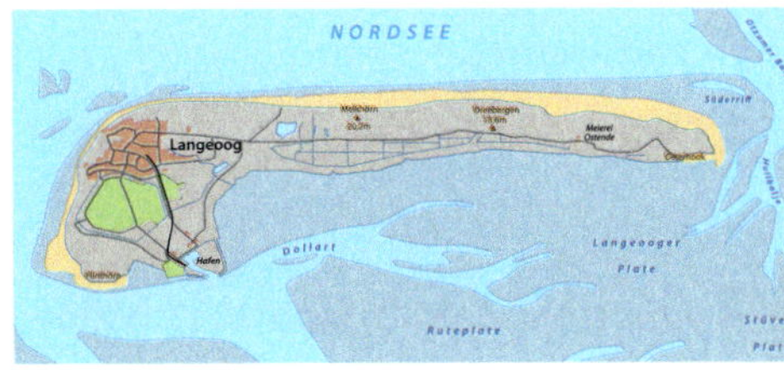

TINI

Ich liebe die Ruhe hier! Auf Langeoog sind keine Autos erlaubt. Wir kommen aus der Großstadt und ich stehe jeden Tag auf dem Weg zur Arbeit und wieder zurück nach Hause im Stau. Für mich ist es ohne Verkehr Erholung pur hier. Besonders liebe ich den 14 Kilometer langen Strand. Ich sitze den ganzen Tag im Strandkorb und lese. Dass es oft windig ist und man einen Pullover anziehen muss, das stört mich nicht. Der Strandkorb schützt vor Wind und Sonne.

LOTHAR

Meine Lieblingsbeschäftigung hier auf Langeoog ist das Wattwandern. Wenn das Meer sich zurückzieht, also Ebbe herrscht, dann entsteht eine flache Zone aus Sand und Schlamm. Das nennt man Watt und dort kann man stundenlang herumlaufen. Das Watt ist wie ein riesiger Spielplatz für Tiere. Dort leben Muscheln, Krebse und Würmer. Man lernt dort viel über das Meer und über Tiere. Man muss nur aufpassen, dass man rechtzeitig zum Strand zurückgeht, wenn die Flut wiederkommt, also das Meer wieder ansteigt.

NIKLAS

Ich finde es toll, dass man auf Langeoog so viel Sport machen kann. Da es hier fast immer windig ist, ist die Insel ideal für Surfen, Segeln und Kitesurfen. Weil wir jedes Jahr hierherkommen, habe ich mittlerweile einige Freunde auf der Insel. Die letzten Jahre haben wir immer zusammen gesurft, aber dieses Jahr haben wir einen Kitesurfkurs gemacht. Das ist genial! Nächstes Jahr möchte ich gern einen Reitkurs machen. Man kann hier prima am Strand entlangreiten.

a Was passt zusammen? Ordne zu.

1. Strandkorb → c
2. Langeoog
3. Sportarten auf Langeoog
4. Wetter auf Langeoog
5. Wattwandern

a. Segeln, Wind- und Kitesurfen, Reiten
b. viel Wind
c. spezielles Sitzmöbel
d. Spaziergang bei Ebbe
e. deutsche Insel

b Antworte auf die Fragen.

1. Wo liegt die Insel Langeoog?
2. Wie groß ist Langeoog?
3. Was ist die Lieblingsbeschäftigung von Tini auf Langeoog?
4. Was macht Lothar gern auf Langeoog?
5. Welchen Kurs macht Niklas dieses Jahr, welchen möchte er nächstes Jahr machen?

1. Langeoog liegt ...

TRAINING

HÖREN

047 2 **Interviews. Hör zu und sammle Informationen.**

	Frau Richter	Herr Koch	Paul
Wohin?	*Frankreich, Côte d' Azur*	?	?
Wann?	?	?	?
Wie lange?	?	?	?
Mit wem?	?	?	?
Was?	?	?	?

SPRECHEN

3 **Wie sieht dein Urlaub aus? Wähle eine Karte aus und erzähle.**

Wohin?	Wengen, Schweiz	Kössen, Tirol	Meer, Kreta
Wann?	September	Juli	August
Wie lange?	1 Woche	10 Tage	zwei Wochen
Mit wem?	Papa, Mama	Tante Erika	Freunde
Wo?	Ferienwohnung	Hotel	Pension
Was?	klettern	Wanderungen	baden

Wohin?	Bodensee, Lindau	München	Rom
Wann?	Juni	August	September
Wie lange?	1 Woche	2 Wochen	Vier Tage
Mit wem?	Marta und Paolo	Anna	Papa und Mama
Wo?	bei Freunden	bei Familie Lang	Pension
Was?	surfen, Rad fahren	Deutschkurs	Sehenswürdigkeiten anschauen

Ich fahre im September nach Wengen. Das liegt in der Schweiz. Ich bleibe eine Woche da. Ich fahre mit Papa und Mama. Wir wohnen in einer Ferienwohnung. Ich will klettern.

Im Juli fahre ich nach Kössen. Das ist …

SPRECHEN

4 **Gemeinsam etwas planen**

Deine Partnerin / Dein Partner und du wollt die Sommerferien zusammen verbringen. Plant einen gemeinsamen Urlaub. Folgende Fragen können euch dabei helfen:

- Budget: Wie viel wollt / könnt ihr ausgeben?
- Wohin? Warum?
- Was kann man dort machen?
- Wann? Wie lange?
- Wie? Also mit welchem Verkehrsmittel?
- Unterkunft?

SCHREIBEN

5 **Du bist im Urlaub und schreibst eine Nachricht an deine Freundin Lara. Schreib etwas zu folgenden Punkten:**

- Wo bist du?
- Wie ist das Wetter?
- Was machst du?
- Hast du Spaß?
- Wann kommst du nach Hause zurück?

Liebe Lara, …

VIDEO

VIDEO 16 Badeurlaub auf Rügen

1 Vor dem Sehen. Wie heißen die Wörter in deiner Sprache? Sprecht in der Klasse.

1. die Insel
2. der Korb
3. der Tennisschläger
4. losfahren
5. der Stau
6. die Autobahn
7. die Landstraße
8. das Navi
9. der Verkehr
10. die Fahrt
11. der Balkon
12. der Meerblick

2 Sieh den ersten Videoteil an (0:00 - 1:44). Antworte dann.

1. Wohin fährt Familie Richter in Urlaub?
2. Freut sich Max auf den Urlaub? Warum (nicht)?
3. Was nimmt Familie Richter mit in den Urlaub?
4. Was hat Frau Richter für die Reise zubereitet?

3 Wer sagt was? Lies die Sätze und ergänze die Namen: Vater, Mutter, Max, Daniel.

1. Also, haben wir jetzt alles? *Vater*
2. Wir nehmen noch diesen Korb mit. ?
3. Ist noch Platz für meine Tennissachen im Auto? ?
4. Wir wollen doch Ferien am Strand machen. ?
5. Es gibt in Rappin keine Tennisplätze. ?
6. Und wir haben schon unsere Fahrräder dabei. ?
7. Also, können wir jetzt endlich losfahren? ?

4 Sieh den zweiten Videoteil an (1:45 - 2:12). Wer sagt was? Ordne zu.

1. Wir sind im Stau! 2. Die Ferien fangen gut an! 3. Ist doch klar, heute ist der erste Ferientag. 4. Kinder, beruhigt euch.

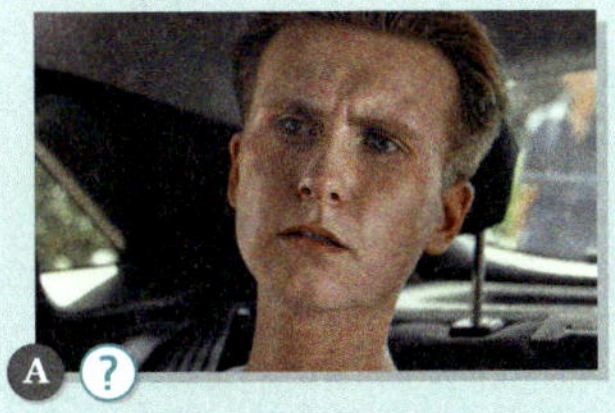
A ?

B ?

C ?

D 1

5 Sieh den dritten Videoteil an (2:13 - 3:37). Ergänze dann den Text.

Herr Hansen: Guten Tag, Frau Richter.
Frau Richter: Guten Tag, Herr Hansen. Ja, da sind wir (1) ?.
Herr Hansen: Guten Tag, Herr Richter. Wie war die (2) ??
Herr Richter: Es war viel (3) ? auf der Autobahn.
Herr Hansen: Na, klar. Heute ist der erste (4) ?. Mensch, Max, bist du (5) ? geworden!
Daniel: Herr Hansen, haben wir dieses Jahr ein Zimmer mit (6) ??
Herr Hansen: Ja, beide Zimmer sind mit Balkon und mit (7) ?. Also, kommen Sie. Ich (8) ? Ihnen Ihre Zimmer.

6 Nach dem Sehen. Machst du gern Urlaub am Meer? Wo? Mit wem? Sprecht in der Klasse.

17 Pläne für die Zukunft

A Was willst du werden?

1 Lies die Texte. Welche Wörter kennst du nicht? Unterstreiche sie. Sprecht dann in eurer Sprache in der Klasse.

Was bedeutet „Mitglied“? Das Wort kenne ich nicht.

HANNA Ich liebe den Kontakt mit Menschen und bin sehr kreativ. Ich würde später auch gern in einem kreativen Beruf arbeiten. In der Schule bin ich Mitglied im Organisationskomitee und wir planen und organisieren unsere Schulevents. Ich würde später gern Eventmanagerin werden, denn ich denke, die Arbeit ist sehr kreativ und abwechslungsreich. Man muss viel kommunizieren, organisieren und planen und gut wirtschaftlich denken können. Das alles mag ich.

MARTIN Fast meine ganze Familie arbeitet im medizinischen Bereich. Meine Eltern sind Ärzte und meine Schwester studiert Zahnmedizin. Ich möchte aber nicht studieren, sondern ich möchte lieber körperlich arbeiten. Ich will eine Ausbildung zum Pflegefachmann machen. Meine Tante ist Pflegefachfrau und hat mir viel über den Beruf erzählt. Sie sagt, dass es physisch und psychisch anstrengend ist, aber dass die Arbeit großen Spaß macht. Man arbeitet mit Menschen zusammen und kann helfen.

MIRKO Ich will Informatiker werden. Seit zwei Jahren bin ich in der Schule Mitglied im Informatik-Club und das macht eigentlich total Spaß. Wir haben zusammen eine Hausaufgaben-App entwickelt. Wir haben viel experimentiert und neue Dinge ausprobiert. Das finde ich super. Der Leiter von unserem Informatik-Club hat gesagt, dass man mit einem Informatikstudium später in vielen unterschiedlichen Bereichen arbeiten kann. Dass man viele Möglichkeiten hat, finde ich sehr wichtig.

VIKTORIA Ich liebe Tiere, egal ob Hunde, Katzen, Kaninchen, Pferde oder Vögel. Tiere können nicht sprechen und können sich nicht selbst helfen. Wenn sie krank sind, muss man sich um sie kümmern. Ich möchte später Tierärztin werden und kranken Tieren helfen. Letzten Herbst habe ich ein Praktikum in einer Tierarztpraxis gemacht. Besonders gut gefallen hat mir, dass jeder Tag anders und sehr abwechslungsreich war. Das finde ich aufregend.

SAMI Mein Vater ist Polizist und ich möchte auch Polizist werden. Polizisten helfen Menschen und verhindern Verbrechen. Das ist eine wichtige Aufgabe mit viel Verantwortung. Ich würde gern dabei helfen, dass unser Land sicher ist. Ein anderer Grund ist, dass mein Vater immer sagt: „Polizeiarbeit ist Teamarbeit“. Das gefällt mir. Ich lerne auch nicht gern allein, ich fühle mich wohl, wenn ich mit anderen im Team zusammenarbeiten kann.

2 Wer möchte was werden? Lies die Texte. Ist das richtig (R) oder falsch (F)?

		R	F
1.	Hanna möchte Events planen und organisieren.	?	?
2.	Sie denkt, dass eine Eventmanagerin keinen abwechslungsreichen Beruf hat.	?	?
3.	Martin möchte wie sein Vater Arzt werden.	?	?
4.	Seine Tante hat gesagt, dass Pflegefachfrau/-mann ein anstrengender Beruf ist.	?	?
5.	Mirko möchte Informatik studieren.	?	?
6.	Er hat schon eine App entwickelt.	?	?
7.	Viktoria liebt alle Tiere und möchte Tierärztin werden.	?	?
8.	Jeder Tag in ihrem Praktikum war anders. Das hat sie anstrengend gefunden.	?	?
9.	Sami findet, dass Polizisten eine wichtige Aufgabe haben.	?	?
10.	Teamarbeit mag er aber nicht so gern.	?	?

3 **Was passt zu wem? Ergänze die Namen.**

werden
Ich möchte/will ... **werden.**

1. ? möchte in einem kreativen Beruf arbeiten und kommuniziert, organisiert und plant gern.
2. ? möchte kranken Tieren helfen und hat Lust auf einen abwechslungsreichen Beruf.
3. ? möchte gern mit anderen im Team zusammenarbeiten, möchte Menschen helfen und Verbrechen verhindern.
4. ? möchte einen körperlichen Beruf, möchte mit Menschen zusammenarbeiten und helfen.
5. ? möchte experimentieren und sucht einen Beruf mit vielen Möglichkeiten.

4 **Warum will er/sie das werden? Spielt Dialoge wie im Beispiel.**

◆ Was möchte Hanna werden?
○ Sie möchte Eventmanagerin werden.
◆ Und warum?
○ Weil sie in einem kreativen Beruf arbeiten möchte und ...

5 **Welcher Beruf ist das? Ordne zu.**

a. Bauingenieur **b.** Flugbegleiter **c.** Ärztin **d.** Sänger **e.** Lehrerin **f.** IT-Spezialistin **g.** Journalist **h.** Autorin **i.** Model **j.** Mechanikerin **k.** Schauspieler **l.** Gärtnerin **m.** Koch **n.** Bäckerin **o.** Techniker

1

2 ?

3 ?

4 ?

5 ?

6 ?

7 ?

8 ?

9 ?

10 ?

11 ?

12 ?

13 ?

14 ?

15 ?

der Lehrer	die Lehrerin
der Gärtner	die Gärtnerin
der Arzt	die Ärztin
der IT-Spezialist	die IT-Spezialistin

048 **6** **Zur Kontrolle: Hör zu und sprich nach.**

7 **Spielt Dialoge mit den Berufen aus Aufgabe 5 auf Seite 45 wie im Beispiel.**

◆ Welchen Beruf hat die Frau auf Bild 3?
○ Sie ist Mechanikerin.

8 **Macht eine Kettenübung.**

Welchen Beruf findest du interessant?
→ Flugbegleiter finde ich interessant, weil man viel von der Welt sieht. Welchen Beruf findest du interessant?
→ Ich finde ...

Welcher? Welches? Welche?

	Nominativ	Akkusativ
maskulin	Welcher ...?	Welchen ...?
neutral	Welches ...?	Welches ...?
feminin	Welche ...?	Welche ...?
Plural	Welche ...?	Welche ...?

Welcher Beruf ist das?
Welchen Beruf hat die Frau / der Mann?

→ AB S. 28 - 30

B Soziales Engagement

9 **Lies die E-Mail. Wer schreibt? An wen? Worüber?**

Von: Mirko | An: Justine

Hi Justine,
wir haben ja vor ein paar Tagen darüber gesprochen, dass mein Bruder Tim ein Freiwilliges Soziales Jahr bei einer Tierschutzorganisation in Spanien gemacht hat.
Unten findest du einen Link auf die Homepage vom FSJ, dort kannst du dich darüber informieren.
Viele Grüße
Mirko

DAS FREIWILLIGE SOZIALE JAHR (FSJ)

1 ? Du arbeitest für ein Jahr (mindestens sechs Monate, maximal 18 Monate) in einer sozialen Einrichtung mit, zum Beispiel in einem Seniorenheim, einem Krankenhaus, einem Kindergarten, einer Einrichtung für Menschen mit Beeinträchtigungen, in einer kulturellen Organisation. Du hast dort eine feste Ansprechpartnerin / einen festen Ansprechpartner. So bekommst du bei allen Fragen Hilfe.

2 ? Das Angebot ist für junge Menschen zwischen 16 und 26 Jahren. In einem FSJ kannst du die Arbeitswelt kennenlernen, praktische Erfahrungen sammeln und herausfinden, was dir im Arbeitsalltag besonders Spaß macht. Du kannst neue Interessen und Fähigkeiten an dir entdecken, neue Leute kennenlernen und dich weiterentwickeln. Du kannst dich sozial engagieren und Gutes tun. So kannst du die Zeit zwischen Schule und Studium oder Ausbildung sinnvoll nutzen.

3 ? Du arbeitest in der Regel Vollzeit, also circa 39 Stunden pro Woche und hast 26 Urlaubstage pro Jahr. Du erhältst ein monatliches Taschengeld, einen Verpflegungs- und Wohnkostenzuschuss. Einige Einrichtungen bieten auch kostenlose Wohnmöglichkeiten an. Und du bist sozialversichert, das bedeutet, die Einrichtung übernimmt alle Versicherungen wie Krankenversicherung oder Arbeitslosenversicherung.

10 **Lies den Text noch einmal und ordne die Überschriften zu.**

A Die Rahmenbedingungen: Verdienst, Urlaub, Versicherungen, ...
B Was ist ein Freiwilliges Soziales Jahr?
C Warum ist ein FSJ eine gute Idee?

11 **Sind die Sätze richtig oder falsch? Korrigiere die falschen Sätze.**

1. Ein Freiwilliges Soziales Jahr dauert mindestens 18 Monate.
2. Soziale Einrichtungen sind zum Beispiel Kindergärten, Krankenhäuser oder Seniorenheime.
3. Das FSJ ist für Sechzehn- bis Sechsundzwanzigjährige.
4. In einem FSJ kann man die Arbeitswelt und den Arbeitsalltag kennenlernen.
5. Das FSJ ist für die Zeit nach dem Studium oder nach der Ausbildung sinnvoll.
6. Man arbeitet Teilzeit und hat 26 Urlaubstage jährlich.
7. Man erhält jeden Monat Geld und ist sozialversichert.

1. Falsch: Ein Freiwilliges Soziales Jahr
...

Nomen auf *-ung*		
ausbilden	→	die Ausbild**ung**
versichern	→	die Versicher**ung**
verpflegen	→	die Verpfleg**ung**

Adjektive auf *-los*		
die Kosten	→	kosten**los**
der Respekt	→	respekt**los**
die Arbeit	→	arbeits**los**

049 **12** **Deshalb mache ich ein Freiwilliges Soziales Jahr. Hör zu und ordne zu.**

1. Janika — macht das FSJ — in einem Seniorenheim.
2. Erkan — — in einer Klinik.

049 **13** **Hör noch einmal: Wer macht das? Ergänze die Namen.**

1. ? möchte später eventuell ein Medizinstudium machen.
2. ? will später Elektrotechnik studieren.
3. ? hat großen Respekt vor älteren Menschen. Deshalb will ? in einem Seniorenheim arbeiten.
4. ? möchte vor dem Studium etwas Praktisches machen. Deshalb hat ? sich für ein FSJ entschieden.
5. ? hat ein Jahr Zeit, einen medizinischen Beruf auszuprobieren. Deshalb findet ? ein FSJ ein tolles Angebot.
6. Eine internationale Organisation bietet viele Möglichkeiten. Deshalb möchte ? später noch ein Praktikum im sozialen Bereich machen.

deshalb

Ich habe Respekt vor älteren Menschen, **deshalb** will ich für eine Senioreneinrichtung arbeiten.
= **Weil** ich Respekt vor älteren Menschen habe, will ich für eine Senioreneinrichtung arbeiten.

14 **Spielt Dialoge wie im Beispiel.**

Willst du etwas für andere Menschen tun?

Ja, auf jeden Fall. Deshalb möchte ich ein FSJ machen.

1. etwas Praktisches machen – eine Ausbildung zum Handwerker machen
2. eine neue Fremdsprache lernen – ins Ausland gehen und dort einen Sprachkurs machen
3. neue Erfahrungen machen – ein Schuljahr im Ausland verbringen
4. etwas Kreatives machen – eine Ausbildung zur Grafikdesignerin / zum Grafikdesigner machen

→ AB S. 31 - 33

C Ich konnte helfen

050 **15 Tim erzählt von seiner Arbeit in einer Tierschutzorganisation in Spanien. Hör zu. Über welche Themen spricht Tim?**

1. ⊗ über die Arbeit der Tierschutzorganisation
2. (?) über die anderen Mitarbeiterinnen und Mitarbeiter
3. (?) über seine Unterkunft
4. (?) über seine Spanischkenntnisse
5. (?) über seine Aufgaben
6. (?) über seine Freizeitaktivitäten
7. (?) über seinen Eindruck von seiner Zeit
8. (?) über seine Pläne für die Zukunft

050 **16 Hör noch einmal. Ist das richtig (R) oder falsch (F)?**

	R	F
1. Tim hat ein halbes Jahr in einem kleinen Dorf für eine spanische Tierschutzorganisation gearbeitet.	(?)	(?)
2. Die Organisation kümmert sich um alle Tiere.	(?)	(?)
3. Die Kolleginnen und Kollegen von Tim waren sehr freundlich.	(?)	(?)
4. Die Kolleginnen und Kollegen in Spanien konnten Deutsch sprechen.	(?)	(?)
5. Am Anfang sagte Tim fast kein Wort Spanisch.	(?)	(?)
6. Tim konnte nach sechs Monaten sehr gut Spanisch.	(?)	(?)
7. Tim musste putzen, die Hunde füttern und ihnen Medikamente geben.	(?)	(?)
8. Jeden Monat kamen Besucher in die Organisation.	(?)	(?)
9. Vor seinem Aufenthalt konnte Tim eine Homepage noch nicht bearbeiten.	(?)	(?)
10. Tim gefällt, dass er den Hunden und der Organisation helfen konnte.	(?)	(?)

Präteritum Modalverben

	können	**wollen**	**müssen**	**dürfen**	**mögen**	**sollen**
ich	konnte	wollte	musste	durfte	mochte	sollte
du	konntest	wolltest	musstest	durftest	mochtest	solltest
er/es/sie	konnte	wollte	musste	durfte	mochte	sollte
wir	konnten	wollten	mussten	durften	mochten	sollten
ihr	konntet	wolltet	musstet	durftet	mochtet	solltet
sie/Sie	konnten	wollten	mussten	durften	mochten	sollten

Präteritum von *sagen* und *kommen*

	sagen	**kommen**
ich	sagte	kam
du	sagtest	kamst
er/es/sie	sagte	kam
wir	sagten	kamen
ihr	sagtet	kamt
sie/Sie	sagten	kamen

Präteritum von *haben* und *sein* (W)

	haben	**sein**
ich	hatte	war
du	hattest	warst
er/es/sie	hatte	war
wir	hatten	waren
ihr	hattet	wart
sie/Sie	hatten	waren

17 **Erfahrungsberichte. Ergänze die Verben im Präteritum.**

HANNA

Ich möchte nächstes Jahr ein Freiwilliges Soziales Jahr machen. Hat jemand schon eines gemacht? Mich würden eure Erfahrungen interessieren. Vielen Dank schon mal im Voraus!

JENNY

Ich (1) (*sein*) *war* in einem Kindergarten. Ich (2) (*sollen*) ? bei der Betreuung von den Kindern helfen, aber ich (3) (*müssen*) ? jeden Tag die Toiletten putzen! Das (4) (*sein*) ? furchtbar! Ich habe nicht viel gelernt und (5) (*mögen*) ? die Arbeit gar nicht. Außerdem (6) (*sein*) ? die Kolleginnen ziemlich humorlos. Insgesamt hat es mir dort keinen Spaß gemacht.

PHILIPP

Ich (7) (*wollen*) ? eigentlich für eine Tierschutzorganisation arbeiten, aber ich (8) (*können*) ? keine Stelle finden. Ich habe dann in einem Seniorenheim gearbeitet, das (9) (*sein*) ? toll. Ich (10) (*haben*) ? tolle Kolleginnen und Kollegen und auch die Bewohnerinnen und Bewohner (11) (*sein*) ? sehr nett. Am Wochenende (12) (*haben*) ? ich sogar immer frei und ich (13) (*dürfen*) ? auch eigene Ideen einbringen. Ich bin froh, dass ich es gemacht habe und kann dir nur dazu raten.

ANDREAS

Ich habe für einen Kulturverein gearbeitet und das (14) (*sein*) ? eine tolle Erfahrung. Ich (15) (*dürfen*) ? so viele nette Leute kennenlernen! Ich (16) (*mögen*) ? mein Team wirklich gern. Nach dem Abitur (17) (*können*) ? ich mich nicht für ein Studium entscheiden. Mit dem FSJ (18) (*haben*) ? ich mehr Zeit für die Entscheidung und (19) (*können*) ? die Arbeitswelt kennenlernen. Das hat mir wirklich geholfen und das (20) (*sein*) ? eine wichtige Zeit für mich.

18 **Was musstest/durftest/konntest/... du letzte Woche zu Hause machen? Schreib zehn Sätze.**

1. Ich musste letzte Woche viele Hausaufgaben machen.
2. Ich durfte am Mittwoch ...

19 **Lies die Sätze von deiner Partnerin / deinem Partner. Ist alles richtig? Findest du Fehler?**

→ AB S. 34 - 35

AUSSPRACHE

1. **Berufe. Wie heißt die weibliche Form? Ergänze.**

männlich	weiblich
1. Lehrer	?
2. Sänger	?
3. Mechaniker	?
4. Handwerker	?
5. Bäcker	?
6. Maler	?
7. Gärtner	?
8. Schauspieler	?

Das kennst du schon: Die Endung **er** spricht man als Vokal, also ähnlich wie ein **a**: Lehr**a**, Mal**a**, … Wenn das **r** aber am Anfang einer Silbe steht, spricht man es konsonantisch, also Lehre-**r**in, Male-**r**in, …

051 2. **Zur Kontrolle: Hör zu und sprich nach.**

052 3. **Die Rechnung, bitte! Hör zu und sprich nach.**

Rechnung → Rechnungen
Erfahrung → Erfahrungen
Meinung → Meinungen
Ausbildung → Ausbildungen
Versicherung → Versicherungen
Ding → Dinge

ng sind zwei Buchstaben, aber *ein* Laut. Sprich **ng** nicht getrennt!

053 4. **Der freundliche Fachmann. Hör zu und sprich nach.**

Der **f**reundliche **F**achmann **f**ragt die **f**leißige **F**achfrau.

054 5. **Wirklich wichtig! Hör zu und sprich nach.**

In der Arbeits**w**elt ist **w**irtschaftliches Denken **w**irklich **w**ichtig.

055 6. **Deutsch oder international? Hör zu und kreuze an.**

	Deutsch	international
1. viel	?	?
2. Eventmanagerin	?	?
3. Video	?	?
4. Versicherung	?	?

Den Buchstaben **v** kann man wie **f** oder wie **w** sprechen:
In deutschen Wörtern spricht man **v** wie **f**: *viel, vielleicht, verschlafen, …*
In internationalen Wörtern spricht man **v** wie **w**: *Vase, Verb, Universität, …*

PROJEKT

Meine Erfahrungen

Hast du dich schon einmal ehrenamtlich engagiert?
Hattest du schon mal einen Job / einen Ferienjob?

Nimm ein Video von circa drei Minuten auf und erzähle von deinen Erfahrungen:

- Für wen hast du dich engagiert? / Wo hast du gejobbt?
- Was genau hast du gemacht?
- Was hat dir besonders gefallen?

DAS KANN ICH SCHON!

- Was willst du werden?

- Ich will ...
  Arzt/Ärztin
  Autor/Autorin
  Bäcker/Bäckerin
  Eventmanager/Eventmanagerin
  Flugbegleiter/Flugbegleiterin
  Gärtner/Gärtnerin
  Handwerker/Handwerkerin
  IT-Spezialist/IT-Spezialistin
  Journalist/Journalistin
  Koch/Köchin
  Lehrer/Lehrerin
  Mechaniker/Mechanikerin
  Pflegefachmann/Pflegefachfrau
  Polizist/Polizistin
  Schauspieler/Schauspielerin
  Tierarzt/Tierärztin
  ... werden

- Warum willst du das werden?

- Weil ich in einem kreativen Beruf arbeiten möchte.
- Weil ich gern kommuniziere, organisiere und plane.
- Weil ich Lust auf einen abwechslungsreichen Beruf habe.
- Weil ich gern mit anderen im Team zusammenarbeiten möchte.
- Weil ich Menschen helfen und Verbrechen verhindern möchte.
- Weil ich einen körperlichen Beruf möchte.
- Weil ich einen Beruf mit vielen Möglichkeiten suche.

- Willst du etwas für andere Menschen tun?
- Willst du etwas Praktisches machen?
- Willst du neue Erfahrungen machen?
- Willst du etwas Kreatives machen?

- Ja, auf jeden Fall. ...
  Deshalb möchte ich ein FSJ machen.
  Deshalb möchte ich eine Ausbildung zum Handwerker machen.
  Deshalb möchte ich ins Ausland gehen und dort einen Sprachkurs machen.
  Deshalb möchte ich eine Ausbildung zur Grafikdesignerin / zum Grafikdesigner machen.

- Ich möchte ein FSJ machen. Mich würden eure Erfahrungen interessieren.

- Ich sollte bei der Betreuung von den Kindern helfen, aber ich musste jeden Tag die Toiletten putzen. Das war furchtbar! Ich mochte die Arbeit gar nicht.
- Ich hatte tolle Kolleginnen und Kollegen und auch die Bewohnerinnen und Bewohner waren sehr nett. Ich durfte auch eigene Ideen einbringen.
- Das war eine tolle Erfahrung. Ich durfte so viele nette Leute kennenlernen. Ich mochte mein Team wirklich gern. Das war eine wichtige Zeit für mich.

LANDESKUNDE

www.juz-interview.net

< I >

Mein Freiwilliges Ökologisches Jahr

INTERVIEW

Ein Interview mit Mira Kessel

JuZ: Mira, du hast gerade ein Freiwilliges Ökologisches Jahr auf einem Bauernhof in Sachsen gemacht. Was ist das, ein Freiwilliges Ökologisches Jahr?

Mira: Das ist ein Programm für junge Leute zwischen 15 und 26 Jahren. Man kann sich ein Jahr lang für die Natur, die Umwelt, für Tiere oder die ökologische Landwirtschaft engagieren. Und natürlich ist es auch ein Jahr für einen selbst: Man kann sich orientieren, neue Erfahrungen machen und für Menschen, Tiere und Umwelt Verantwortung übernehmen.

JuZ: Wo kann man das machen? Das heißt, welche Einrichtungen bieten das an?

Mira: Vor allem Naturschutzverbände, Umweltinstitute, Bauernhöfe, Tierpflegestationen oder Naturparks. Aber zum Beispiel auch innovative Unternehmen in der Klimabranche.

JuZ: Wo warst du?

Mira: Ich war auf einem ökologischen Bauernhof, dort habe ich auch gewohnt. Man bekommt ja immer ein Taschengeld beim FÖJ, aber manche Einrichtungen bieten auch Unterkunft und Verpflegung an. Ich hatte das Glück, dass das bei mir der Fall war.

JuZ: Und wie war die Arbeit?

Mira: Die Arbeit war körperlich anstrengend, aber auch einfach toll. Zum ersten Mal habe ich die Jahreszeiten besonders intensiv erlebt. Im Frühjahr habe ich Gemüse angebaut, im Sommer und Herbst geerntet. Ich habe mich um die Kühe auf dem Hof gekümmert und ich habe Käse gemacht. Den Käse habe ich dann auch selbst im Hofladen verkauft.

JuZ: Was hat dir besonders gut gefallen?

Mira: Besonders gut gefallen hat mir, dass ich so viel an der frischen Luft gearbeitet habe und mich eins mit der Natur gefühlt habe.

JuZ: Das heißt, du hast sehr viel praktische Erfahrung sammeln können?

Mira: Ja, aber nicht nur. Man hat auch fünf Seminarwochen. Dort beschäftigt man sich in der Theorie mit ökologischen Themen und kann mit anderen Freiwilligen sprechen.

JuZ: Wie sehen nun deine Pläne für die Zukunft aus?

Mira: Das weiß ich nach diesem Jahr ganz genau. Ich studiere Agrarwissenschaft.

Lies den Text und beantworte die Fragen.

1. Wen interviewt die JuZ? Worüber?
2. Für wen ist ein FÖJ?
3. Welche Einrichtungen bieten ein FÖJ an? Nenn vier Beispiele.
4. Wo hat Mira ihr FÖJ gemacht?
5. Was waren Miras Tätigkeiten? Notiere Stichpunkte.
6. Was hat Mira besonders gut gefallen?
7. Was ist neben der praktischen Arbeit Bestandteil vom FÖJ?
8. Was plant Mira für die Zukunft?

1. Mira, über ihr Freiwilliges Ökologisches Jahr
2. ...

GRAMMATIK AUF EINEN BLICK

Verb *werden*

	werden
ich	werd-**e**
du	wir-**st**
er/es/sie	wird
wir	werd-**en**
ihr	werd-**et**
sie/Sie	werd-**en**

Ergänze.

1. ◆ Was willst du später mal [?]?
   ○ Ich [?] ganz sicher Polizist!
2. ◆ Was macht eigentlich Lina zurzeit?
   ○ Sie macht zurzeit eine Ausbildung. Sie [?] Bäckerin.
3. ◆ Und was macht Tom?
   ○ Er studiert. Er [?] Lehrer.
4. ◆ Und was machen Stella und Luca?
   ○ Sie studieren auch. Sie [?] Ärzte.

Ich möchte/will Informatikerin/Tierarzt/... werden.

Präteritum

Präteritum Modalverben

	können	wollen	müssen	dürfen	mögen	sollen
ich	konnt-**e**	wollt-**e**	musst-**e**	durft-**e**	mocht-**e**	sollt-**e**
du	konnt-**est**	wollt-**est**	musst-**est**	durft-**est**	mocht-**est**	sollt-**est**
er/es/sie	konnt-**e**	wollt-**e**	musst-**e**	durft-**e**	mocht-**e**	sollt-**e**
wir	konnt-**en**	wollt-**en**	musst-**en**	durft-**en**	mocht-**en**	sollt-**en**
ihr	konnt-**et**	wollt-**et**	musst-**et**	durft-**et**	mocht-**et**	sollt-**et**
sie/Sie	konnt-**en**	wollt-**en**	musst-**en**	durft-**en**	mocht-**en**	sollt-**en**

Präteritum von *sagen* und *kommen*

	sagen	kommen
ich	sagt-**e**	kam
du	sagt-**est**	kam-**st**
er/es/sie	sagt-**e**	kam
wir	sagt-**en**	kam-**en**
ihr	sagt-**et**	kam-**t**
sie/Sie	sagt-**en**	kam-**en**

Präteritum von *haben* und *sein*

	haben	sein
ich	hatt-**e**	war
du	hatt-**est**	war-**st**
er/es/sie	hatt-**e**	war
wir	hatt-**en**	war-**en**
ihr	hatt-**et**	war-**t**
sie/Sie	hatt-**en**	war-**en**

Schreib die Sätze im Präteritum.

1. Ich muss abwaschen und einkaufen. — *Ich musste abwaschen und einkaufen.*
2. Ich darf nicht lange ausschlafen. — [?]
3. Ich soll meinen kleinen Bruder vom Kindergarten abholen. — [?]
4. Das mag ich gar nicht. — [?]
5. Ich habe so viel zu tun. — [?]
6. Ich bin gestresst. — [?]
7. Ich kann nicht mal meine Freunde treffen! — [?]
8. Ich will in Ruhe Serien sehen. — [?]
9. Aber auch das darf ich nicht. — [?]

17

GRAMMATIK AUF EINEN BLICK

Frageartikel *Welcher? Welches? Welche?*

	Nominativ	Akkusativ
maskulin	Welcher ...?	Welchen ...?
neutral	Welches ...?	Welches ...?
feminin	Welche ...?	Welche ...?
Plural	Welche ...?	Welche ...?

Welcher Beruf ist das? / Welchen Beruf hat der Mann?

✔ Ergänze.

1. [?] Berufe interessieren dich?
2. Für [?] Studium hast du dich entschieden?
3. [?] Tätigkeiten waren besonders interessant?
4. [?] Kollegin mochtest du besonders gern?
5. Und [?] Kollegen mochtest du nicht so gern?
6. [?] Beruf ist kreativ?

Konjunktion *deshalb*

	Ich habe Respekt vor älteren Menschen,	**deshalb**	will ich für eine Senioreneinrichtung arbeiten.
= **Weil**	ich Respekt vor älteren Menschen habe,		will ich für eine Senioreneinrichtung arbeiten.

✔ Schreib die Sätze mit *deshalb*.

1. Weil ich Tiere liebe, werde ich Tierärztin. — *Ich liebe Tiere, deshalb werde ich Tierärztin.*
2. Weil ich Menschen helfen möchte, werde ich Pflegefachmann. — [?]
3. Weil ich viel von der Welt sehen will, werde ich Flugbegleiter. — [?]
4. Weil ich gern draußen arbeite, werde ich Gärtner. — [?]

Wortbildung

Berufe (W)

der Lehrer	die Lehrerin
der Gärtner	die Gärtnerin
der Arzt	die Ärztin
der IT-Spezialist	die IT-Spezialistin
⚠ der Pflegefachmann	⚠ die Pflegefachfrau

✔ Ergänze.

1. der Koch — [?]
2. [?] — die EDV-Fachfrau
3. der Polizist — [?]
4. [?] — die Flugbegleiterin

Nomen auf *-ung*

ausbilden → die Ausbildung
versichern → die Versicherung
verpflegen → die Verpflegung

✔ Ergänze.

1. meinen → die [?]
2. wohnen → die [?]
3. rechnen → die [?]
4. zeichnen → die [?]

Adjektive auf *-los*

-los	die Arbeit	→ arbeitslos
	der Sinn	→ sinnlos
	der Respekt	→ respektlos
	die Kosten	→ kostenlos
	der Humor	→ humorlos

✔ Ergänze.

1. die Wolke → *wolkenlos*
2. die Heimat → [?]
3. das Papier → [?]
4. das Verständnis → [?]

→ AB S. 36 - 37

TRAINING

LESEN

1 Lies die Stellenanzeigen. Welche Anzeige passt zu welchem Foto?

1 ?

2 ?

3 ?

4 ?

www.jobs-ohne-ende.de

BERATUNG | JOBS | GEHALTSRECHNER | LEBENSLAUF

>> STELLENMARKT

A

Hallo! Ich bin eine alleinerziehende Mutter und suche

eine Babysitterin / einen Babysitter

für meinen zweijährigen Sohn. Ich suche eine kinderliebe, zuverlässige und freundliche Person für donnerstagnachmittags von 16 bis 18 Uhr. Ich zahle 13 Euro pro Stunde.
Hast du Interesse? Dann freue ich mich auf deinen Anruf unter 01311 / 15858.

B

Zusteller (m/w/d)

für unsere Stadtteilzeitung
Du verteilst jede Woche am Samstagvormittag unsere Stadtteilzeitungen.
Wöchentliche Arbeitszeit: 1,5 bis 3 Stunden
Wir freuen uns auf deine Bewerbung unter 0943 / 03780.

C

Schülerjob: Für unseren Supermarkt in Neu-Ulm suchen wir Hilfe!

Deine Aufgaben: Einräumen von Waren und Reinigungsarbeiten.
Wir zahlen 12 Euro pro Stunde.
Flexible Arbeitszeiten von ca. 2 Stunden wöchentlich.
Das hört sich gut für dich an?
Dann ruf uns unter 0731 17 17 an und vereinbare einen Termin mit uns.

D

Alltagshelfer/in für Senioren gesucht!

Deine Aufgaben: leichte Reinigungsarbeiten (Staubsaugen, wischen), Einkäufe in Supermarkt und Apotheke, Gesellschaft leisten (spielen, basteln, Unterhaltungen, …)
Mindestalter 17 Jahre / 2-4 Stunden Zeit pro Woche / freundlich, pünktlich, zuverlässig und hilfsbereit / Freude an der Zusammenarbeit mit Menschen
Stundenlohn: 13 bis 15 Euro pro Stunde
Ruf uns für ein erstes Kennenlernen an: 0178 / 211 768

2 Lies die Anzeigen noch einmal. Welche Nummer rufst du an?

	Telefonnummer
1. Du interessierst dich für einen Job im Verkauf.	?
2. Du bist gern an der frischen Luft.	?
3. Du möchtest gern mit älteren Menschen zusammenarbeiten.	?
4. Du liebst Kinder.	?

TRAINING

3 In welchen Anzeigen auf Seite 55 findest du Informationen zu folgenden Punkten?

	Anzeige(n)
1. Wie viel verdienst du?	?
2. Wie alt musst du mindestens sein?	?
3. Wie viele Stunden musst du arbeiten?	?
4. Wie sollst du sein (z.B. sympathisch, nett, ...)?	?

HÖREN

056 **4 Milanas Ferienjob. Hör zu und mach Notizen.**

Wo gearbeitet? ?
Als was gearbeitet? ?
Milanas Aufgaben? ?
Wie viele Stunden? ?
Mit dem Job zufrieden? ?
Verdienst? ?

SCHREIBEN

5 Lies den Zettel und schreib eine E-Mail.

- Stell dich kurz vor.
- Du hast einmal pro Woche Zeit.
- Du hast schon Erfahrung: Du hast letztes Schuljahr schon Mathematik-Nachhilfe gegeben. Die Schülerin hat im Zeugnis eine Zwei in Mathematik bekommen.
- Frag nach der Bezahlung.

Nachhilfe für Mathematik gesucht
Ich suche ab sofort eine Nachhilfelehrerin / einen Nachhilfelehrer für meinen Sohn. Er ist in der 5. Klasse und hat große Probleme mit Mathe. Bist du gut in Mathe und hast einmal pro Woche eine Stunde Zeit für uns? Dann schreib mir bitte eine Mail an marika_fischer@gm.de

Guten Tag Frau Fischer,
ich habe gerade Ihren Zettel gelesen und melde mich sofort ...

SPRECHEN

6 Hattest du schon einmal einen Ferienjob? Erzählt in der Klasse.

In den Sommerferien habe ich im Supermarkt gejobbt und habe Waren in die Regale eingeräumt. Das war eigentlich nicht so spannend, aber es haben andere Schülerinnen und Schüler dort auch gejobbt. Das war dann richtig nett und lustig und ich habe auch ein bisschen Geld verdient!

VIDEO

VIDEO 17 Meine Arbeit als Krankenschwester

1 Sieh das Video an. Worüber spricht Frau Streich?

1. (?) Seit wann sie Krankenschwester ist.
2. (?) Über ihren Arbeitsplatz.
3. (?) Über ihre Kolleginnen und Kollegen.
4. (?) Über ihre Tätigkeiten.
5. (?) Warum sie gern Krankenschwester ist.
6. (?) Über ihre Familie.
7. (?) Über die Bezahlung.
8. (?) Über Tipps für junge Leute.

2 Wie geht der Satz weiter? Ordne zu.

1. Frau Streich wollte schon immer ... → f
2. Frau Streich hat mit 17 Jahren ...
3. Die Arbeit einer Krankenschwester ist ...
4. Frau Streich ist für 12 Patienten ...
5. Als Krankenschwester bekommt Frau Streich ...
6. Die Arbeit einer Krankenschwester ist etwas Besonderes, weil ...
7. Frau Streich wünscht sich ...
8. Wer als Pflegepersonal arbeiten möchte, ...

a. zuständig.
b. mehr Anerkennung für ihre Arbeit.
c. ein Praktikum in einem Krankenhaus gemacht.
d. man mit kranken Menschen zu tun hat.
e. physisch und psychisch anstrengend.
f. anderen Menschen helfen.
g. sollte zunächst ein FSJ absolvieren.
h. eine Menge Dankbarkeit.

3 Sieh das Video noch einmal an. Ist das richtig oder falsch?

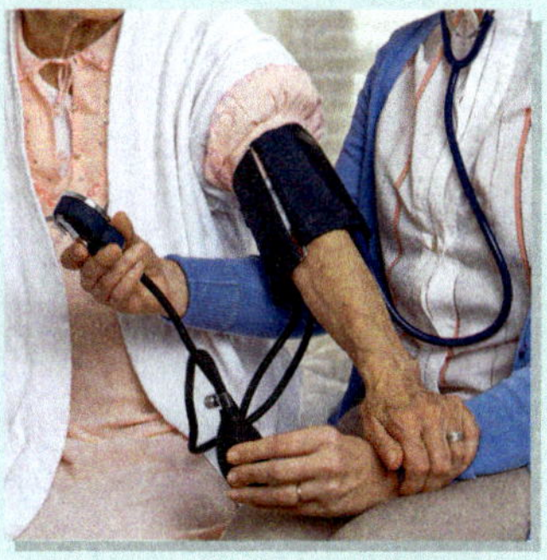

	R	F
1. Frau Streich arbeitet in der Uni-Klinik in Augsburg.	(?)	(?)
2. Frau Streich arbeitet seit 15 Jahren als Krankenschwester.	(?)	(?)
3. Frau Streich hat dreimal die Woche Nachtschicht.	(?)	(?)
4. Die Nachtschicht fängt um 22:00 Uhr an und geht bis 6:00 Uhr.	(?)	(?)
5. Alle Patienten von Frau Streich können sich nicht selbst waschen.	(?)	(?)
6. Frau Streich misst bei ihren Patienten Blutdruck, Puls und Temperatur.	(?)	(?)
7. Die Patienten von Frau Streich können selbstständig essen.	(?)	(?)
8. Frau Streich kümmert sich darum, dass alle Patienten die Medikamente nehmen.	(?)	(?)
9. Bevor Frau Streich nach Hause geht, schaut sie im PC nach: Was muss sie am nächsten Tag machen?	(?)	(?)
10. Frau Streich ist mit ihrem Beruf als Krankenschwester zufrieden.	(?)	(?)

4 Nach dem Sehen. Findest du den Beruf Pflegefachmann/Pflegefachfrau interessant? Warum (nicht)? Sprecht in der Klasse.

18 Durch die deutschsprachigen Länder

A Zürich ist größer als Bern

Was ist an deiner Heimat besonders?

LUIS

Ich lebe in Liechtenstein, in Vaduz. Das Besondere an Liechtenstein ist: Es ist klein. Liechtenstein liegt zwischen Österreich und der Schweiz und ist nur 160 Quadratkilometer groß. Zum Vergleich: Die Schweiz ist etwa 260 mal größer als Liechtenstein. Kleiner als Liechtenstein sind in Europa nur der Vatikan, Monaco und San Marino.
Es gibt ca. 40.000 Einwohner, davon hat jeder Dritte eine ausländische Staatsangehörigkeit. Es wohnen hier viele Deutsche und Italiener, noch mehr Österreicher und am meisten Schweizer. Die Amtssprache ist Deutsch, wir sprechen aber einen alemannischen Dialekt.

EMMA

Wo gibt es in Europa am meisten Brücken?
In Venedig? In Amsterdam? Falsch! Venedig hat viele Brücken (rund 400), Amsterdam hat noch mehr Brücken (fast 1300), aber am meisten Brücken in Europa gibt es in meiner Heimatstadt Hamburg, nämlich 2500!
Ganz besonders ist für mich auch das typische Hamburger Essen. Hier kommen meine drei Favoriten: Ich finde Labskaus, ein Gericht aus Kartoffeln, Rindfleisch, Zwiebeln und roter Beete, sehr gut. Besser noch als Labskaus finde ich Fischbrötchen. Und am besten finde ich Süßes. Typisch ist das Franzbrötchen, ein Gebäck mit Zimt und Zucker.

MIRKO

Viele Touristen hier in der Schweiz denken, dass Zürich die Hauptstadt der Schweiz ist. Zürich ist natürlich größer und bekannter, aber nein, die Hauptstadt ist nicht Zürich. Unsere Regierung sitzt in meiner Heimatstadt Bern. Für Touristen ist das Angebot in Zürich natürlich besser als in Bern, denn Zürich hat mehr Sehenswürdigkeiten. Aber ich finde die Lebensqualität in Bern genauso gut wie in Zürich. Die Altstadt hier ist wunderschön und ich bin gern in der Stadt unterwegs. Noch lieber mag ich aber die Umgebung von Bern. Am liebsten fahre ich nach Emmental. Sicher kennt ihr den Emmentaler Käse. Er ist sehr bekannt. In der Emmentaler Käserei erfährt man, wie die Löcher in den Käse kommen.

1 Lies die Texte. Wer wohnt wo? Ordne zu.

Luis	Hamburg
Emma	Bern
Mirko	Vaduz

2 **Lies die Texte noch einmal. Ist das richtig (R) oder falsch (F)?**

	R	F
1. Liechtenstein liegt zwischen Deutschland und Österreich.	?	?
2. Die meisten Einwohner Liechtensteins haben eine ausländische Staatsangehörigkeit.	?	?
3. Am meisten Brücken in Europa findet man in Amsterdam.	?	?
4. Am besten findet Emma Fischbrötchen.	?	?
5. Mirko findet, Zürich hat mehr Sehenswürdigkeiten als Bern.	?	?
6. Mirko meint, in Zürich lebt man besser als in Bern.	?	?

3 **Vergleiche. Such die Formen in den Texten auf Seite 58 und ergänze die Tabelle.**

Adjektive: Komparativ und Superlativ

Adjektiv +	Komparativ ++	Superlativ +++
klein	*kleiner*	am kleinsten
bekannt	?	am bekanntesten
⚠ groß	?	am größten
⚠ gut	besser	?
⚠ gern	?	am liebsten
⚠ viel	mehr	?

4 **Löse das Quiz. Wie heißt das Lösungswort?**

Das Vierländer-Quiz

Sicher weißt du, dass in Deutschland, Österreich, in der Schweiz und in Liechtenstein Deutsch gesprochen wird und dass diese Länder Nachbarländer sind. Aber kannst du auch unser Quiz lösen?

TESTE DEIN WISSEN!

1. Welche Stadt ist am größten?
   A Berlin – E Innsbruck – G Bern
2. Welche Stadt ist am kleinsten?
   H Zürich – F Hamburg – L Linz
3. Welcher Berg ist höher?
   K der Fichtelberg in Deutschland – T das Matterhorn in der Schweiz
4. Welche Stadt liegt nördlicher?
   S Hamburg – Z Vaduz
5. Welcher Fluss ist länger?
   T der Rhein – P der Inn
6. Welche Grenze ist länger?
   M Liechtenstein zu anderen Ländern – A Deutschland zu anderen Ländern
7. Welches Bundesland in Deutschland ist kleiner?
   L Bayern – D Bremen
8. Am meisten Inseln hat ...
   D Österreich – T Deutschland – F Liechtenstein

Lösungswort: A ? ? ? ? ? ? ?

5 ***genauso wie … oder als?* Spielt Dialoge wie in den Beispielen.**

1. Welche Stadt dir besser gefallen?
   Berlin 🙂 – Wien 🙂

2. Welcher Berg höher sein?
   die Zugspitze (2962 Meter) – der Feldberg (1277 Meter)

3. Welcher Fluss länger sein?
   die Elbe (1094 Kilometer) – die Donau (2857 Kilometer)

4. Welcher Turm höher sein?
   der Stuttgarter Fernsehturm (216 Meter) –
   der Fernsehturm am Alexanderplatz (368 Meter)

5. Welches Stadion größer sein?
   das Stadion Nürnberg (50.000 Plätze) –
   das Stadion Köln (50.000 Plätze)

6. Welches Land kleiner sein?
   Österreich (9 Millionen Einwohner) –
   Deutschland (84 Millionen Einwohner)

7. Welcher Strand länger sein?
   Strand auf der Nordseeinsel Sylt (40 Kilometer) –
   Strand auf der Ostseeinsel Usedom (42 Kilometer)

8. Welcher See tiefer sein?
   der Bodensee (251 Meter) – der Genfer See (310 Meter)

◆ Welche Stadt gefällt dir besser? Berlin oder Wien?
○ Berlin gefällt mir genauso gut wie Wien.

◆ Welcher Berg ist höher? Die Zugspitze oder der Feldberg?
○ Die Zugspitze ist höher als der Feldberg.

6 **Zu zweit. Was esst ihr lieber? Schreibt fünf Fragen für ein anderes Paar.**

1. Was esst ihr lieber? Hühnchen oder Fisch?
2. Welches Tier ist größer? Der Hund oder die Giraffe?
3. Was gefällt euch besser? Deutsch oder Mathe?
4. Womit verbringt ihr mehr Zeit? Mit Lesen oder mit Serien schauen?
…

7 **Tauscht die Fragen und antwortet.**

1. Wir essen lieber Fisch als Hühnchen.
2. Die Giraffe ist größer als der Hund.
…

8 **Welches Haus gefällt dir besser? Dieses! Spielt Dialoge wie im Beispiel.**

◆ Welches Haus gefällt dir besser? Dieses  oder dieses  ?

○ Dieses!

1. Welcher Turm?  ? oder  ?
2. Welche Schule?  ? oder  ?
3. Welche Berge?  ? oder  ?

Welch-? Dies-!

	Nominativ
maskulin	Welcher? - Dieser!
neutral	Welches? - Dieses!
feminin	Welche? - Diese!
Plural	Welche? - Diese!

→ AB S. 38 - 42

B Der Fernsehturm ist um die Ecke

057 **9** **Der Blick aus meinem Fenster. Hör die Interviews. Wer sieht was? Ordne zu.**

Tanja = 1 Max = 2 Florian = 3

057 **10** **Hör die Interviews noch einmal. Ist das richtig (R) oder falsch (F)?**

	R	F
1. Tanja lebt in einer ruhigen Gegend.	?	?
2. Sie hört die ganze Zeit den Verkehr.	?	?
3. Das Bürogebäude gegenüber von ihrer Wohnung hat kleine Fenster.	?	?
4. Max wohnt am Rand von einer Stadt.	?	?
5. Er sieht draußen ein Kartoffelfeld. Er kann bis zum Wald sehen.	?	?
6. Die Kirche ist die neueste Kirche in der Region.	?	?
7. Florians Wohnung ist bei einem Park.	?	?
8. Unter dem Park ist ein Tunnel. Durch den Tunnel fahren die Autos.	?	?
9. Der Fernsehturm ist um die Ecke von Florians Wohnung.	?	?

lokale Präpositionen

bei + Dativ	bei einem Park
bis (zu) + Dativ	bis zum Wald
durch + Akkusativ	durch den Tunnel
gegenüber (von) + Dativ	gegenüber von der Wohnung
um + Akkusativ	um die Ecke

11 **Zu zweit. Was siehst du zu Hause aus deinem Fenster? Beschreib es deiner Partnerin / deinem Partner. Sie/Er zeichnet mit.**

Ich sehe auf eine Straße. Gegenüber von meinem Haus ist ein Haus mit vier Stockwerken ...

12 **Ergänze.**

bekanntesten Markt | tollste Aussicht | höchste Gebäude | ~~schönste Viertel~~ | beste Essen

WIEN SUPERLATIVE

In Wien kann man viel besichtigen – ein paar ausgewählte Superlative unserer Redaktion:

Natürlich hat jeder eine andere Meinung. Aber unserer Meinung nach ist das Museumsquartier das (1) *schönste Viertel* der Stadt. Ihr findet dort viele Cafés, Restaurants und Bars.

Das (2) ? in Wien ist der in den 1960er Jahren erbaute Donauturm. Besucht unbedingt die Aussichtsterrassen in 150 Metern Höhe!

Wir lieben Picknicks! Fahrt bei schönem Wetter unbedingt zur Wiese „Am Himmel". Hier könnt ihr unter Bäumen euer Picknick genießen und habt die (3) ? auf die Stadt.

Ein absolutes Muss: Besucht den (4) ? in Wien, den Naschmarkt. Hier gibt es Obst, Gemüse, Gewürze, Fisch, Fleisch und weitere Delikatessen aus verschiedenen Ländern und Regionen. Unserer Meinung nach gibt es hier einfach das (5) ? der Welt!

Adjektivdeklination mit Superlativ

	Nominativ	Akkusativ	Dativ
maskulin	der bekannteste Markt	den bekanntesten Markt	auf dem bekanntesten Markt
neutral	das höchste Gebäude	das höchste Gebäude	bei dem höchsten Gebäude
feminin	die tollste Aussicht	die tollste Aussicht	mit der tollsten Aussicht
Plural	die höchsten Gebäude	die höchsten Gebäude	bei den höchsten Gebäuden

13 **Spielt Dialoge wie im Beispiel.**

◆ Was ist für dich der schönste Ort hier?
○ Für mich ist der Stadtpark der schönste Ort hier.

1. gut ⚠ - das Essen - Fisch
2. langweilig - die Farbe - Grau
3. interessant - die Schulfächer - Mathe und Englisch
4. hässlich - das Tier - die Spinne

→ AB S. 43 - 46

C Weißt du, wer das erfunden hat?

14 **Lies die Texte und ordne die Fotos zu.**

1 ?

2 ?

3 ?

Geniale Ideen

Jeder kennt es, jeder nutzt es. Aber weißt du, wer die Idee hatte? Wir haben nachgeforscht. Nicht immer ist eindeutig, ob die Person wirklich die erste war. Mehrere Menschen hatten zur gleichen Zeit ähnliche Ideen, darunter natürlich auch Menschen aus den deutschsprachigen Ländern.

A

DIE ZAHNPASTA

Die Zahnpasta, wie wir sie heute benutzen, hat der deutsche Apotheker Ottomar Heinsius von Mayenburg 1907 in Sachsen entwickelt. Seine Zahnpasta ist schnell erfolgreich geworden, denn er hat viel Werbung dafür gemacht. Seine Firma hatte sogar eine eigene Pfefferminzplantage. Es ist unsicher, ob von Mayenburg tatsächlich die Zahnpasta erfunden hat - es gibt auch Berichte, dass man sie zuerst in Amerika entwickelt hat.

B

DER KAFFEEFILTER

Die Hausfrau Amalie Auguste Melitta Bentz aus Dresden hat der Kaffeesatz in ihrer Tasse gestört. 1908 hatte sie eine Idee: Sie hat eine Dose genommen, Löcher in den Boden gemacht und ein Blatt aus einem Schulheft in die Dose gelegt. Dann hat sie den Kaffee durch die Dose in die Tasse gegeben. Und in der Tasse war Kaffee ohne Kaffeesatz! So sind Kaffeefilter und Filterpapier entstanden.

C

DIE CURRYWURST

Pro Jahr isst man in Deutschland ca. 800 Millionen Currywürste. Aber weiß man genau, wer die Currywurst erfunden hat? Es ist leider etwas unklar, ob das in Berlin, Hamburg oder im Ruhrgebiet war. Die Berlinerin Herta Heuwer war sich jedenfalls sicher: Sie war es! 1949 hatte sie einen kleinen Kiosk und dort hat sie eine „Spezial Curry-Bratwurst" erfunden, eine Wurst mit einer selbstgemachten scharfen Currysoße. Bis 1979 hat Herta ihre Currywurst gebraten und verkauft.

15 **Lies die Texte noch einmal und schreib Sätze.**

1. Der Apotheker von Mayenburg hat …	den Kaffeefilter und das Filterpapier erfunden.
2. Von Mayenburg war erfolgreich, …	dass sie die Currywurst erfunden hat.
3. Die Hausfrau Melitta Bentz mochte …	eine Zahnpasta entwickelt.
4. Melitta Bentz hat …	die Currywurst in einem Imbissstand verkauft.
5. Herta Heuwer war sicher, …	weil er viel Werbung gemacht hat.
6. Herta Heuwer hat …	den Kaffeesatz nicht.

1. Der Apotheker von Mayenburg hat eine Zahnpasta entwickelt.

	direkte Fragen	**indirekte Fragen**
Fragen mit Fragewort	Wer hat das erfunden? Wer hatte die Idee?	Weißt du, **wer** das erfunden hat? Kannst du mir sagen, **wer** die Idee hatte?
Ja-/Nein-Fragen	Hat von Mayenburg die Zahnpasta erfunden? Hat Herta Heuwer die Currywurst erfunden?	Es ist unsicher, **ob** von Mayenburg die Zahnpasta erfunden hat. Weißt du, **ob** Herta Heuwer die Currywurst erfunden hat?

Adjektive mit *un-*		
unsicher	=	nicht sicher
unklar	=	nicht klar

16 **Spielt Dialoge wie in den Beispielen.**

Wer hat Kaffeefilter und Filterpapier erfunden? (Melitta Bentz)
◆ Weißt du, wer Kaffeefilter und Filterpapier erfunden hat?
○ Melitta Bentz.

Hat Melitta Bentz Kaffeefilter und Filterpapier erfunden? (Ja.)
◆ Weißt du, ob Melitta Bentz Kaffeefilter und Filterpapier erfunden hat?
○ Ja. Sie hat Kaffeefilter und Filterpapier erfunden.

1. Wer hat den Buchdruck erfunden? (Johannes Gutenberg)
2. Hat Johannes Gutenberg den Buchdruck erfunden? (Ja.)
3. Wer hat die Batterie erfunden? (Alessandro Volta)
4. Hat Alessandro Volta die Batterie erfunden? (Ja.)
5. Wer hat das Motorrad erfunden? (Gottlieb Daimler und Wilhelm Maybach)
6. Haben Gottlieb Daimler und Wilhelm Maybach das Motorrad erfunden? (Ja.)

17 **Welche Erfindung kommt aus eurem Heimatland? Recherchiert im Internet und sprecht in der Klasse.**

→ AB S. 46 - 48

AUSSPRACHE

058 1. **Hör zu und achte auf den Satzakzent. Dann hör noch einmal und sprich nach.**

- Was magst du lieber? Fisch oder Fleisch?
- Ich esse Fisch sehr gern, mag aber Fleisch lieber. Am liebsten aber esse ich Gemüse.

059 2. **Hör zu und achte auf den Satzakzent. Dann hör noch einmal und sprich nach.**

- Schau mal, wie findest du den Pullover? Der ist schön, oder?
- Hm, geht so. Dieser hier ist doch viel schöner!
- Also, ich weiß nicht. Von den drei Pullovern finde ich diesen hier am schönsten.

060 3. **Hör zu und achte auf die Satzmelodie. Geht die Stimme am Satzende rauf (↗) oder runter (↘)? Dann hör noch einmal und sprich nach.**

- Sag' mal, weißt du, wer den Kaffeefilter erfunden hat?
- Natürlich weiß ich das! Melitta Bentz!

061 4. **Hör zu und achte auf die Satzmelodie. Geht die Stimme am Satzende rauf (↗) oder runter (↘)? Dann hör noch einmal und sprich nach.**

- Kannst du mir sagen, ob das Wien-Museum heute geöffnet hat?
- Ja, es hat heute geöffnet, von 10:00 bis 17:00 Uhr.

PROJEKT

Heimatland-Quiz

Zu zweit. Macht ein Quiz zu eurem Land. Schreibt sechs Fragen auf ein Plakat. Wählt aus folgenden Themen aus:

Berge | Flüsse | Seen | Strände

Städte | Gebäude | Essen | ...

1. Wie heißt der höchste Berg?
2. Was ist der längste Fluss?
3. Welche ist die Stadt mit den meisten Einwohnern?
4. ...

Hängt die Plakate im Klassenzimmer auf. Findet gemeinsam die Antworten zu den Fragen.

Der höchste Berg ist der ...

Ja, genau!

Der längste Fluss ist der/die ..., glaube ich.

Nein, ich glaube, das stimmt nicht. Der/Die ... ist noch länger.

18

DAS KANN ICH SCHON!

- Welcher Berg ist höher? Die Zugspitze oder der Feldberg?
  - Die Zugspitze ist höher als der Feldberg.
- Welches Land ist kleiner? Österreich oder Deutschland?
  - Österreich ist kleiner als Deutschland.
- Welche Stadt gefällt dir besser? Berlin oder Wien?
  - Berlin gefällt mir genauso gut wie Wien.

- Welche Stadt ist ... { am größten? / am kleinsten?

- Welcher Turm gefällt dir besser? Dieser oder dieser?
  - Dieser!
- Welches Haus gefällt dir besser? Dieses oder dieses?
  - Dieses!
- Welche Schule gefällt dir besser? Diese oder diese?
  - Diese!
- Welche Berge gefallen dir besser? Diese oder diese?
  - Diese!

- Was siehst du aus deinem Fenster?
  - Gegenüber von meinem Haus ist ein Bürogebäude.
  - Ich sehe draußen ein großes Feld.
  - Ich kann bis zum Wald sehen.
  - Ich kann leider nicht um die Ecke sehen. Dort steht unser Fernsehturm.
  - Meine Wohnung ist bei einem Park. Unter dem Park ist ein Tunnel. Die Autos fahren durch den Tunnel.

- Was ist für dich ...
  - der schönste Ort?
  - das beste Essen?
  - die langweiligste Farbe?
  - die interessantesten Schulfächer?

- Weißt du, ...
  - wer Kaffeefilter und Filterpapier erfunden hat?
  - wer den Buchdruck erfunden hat?
  - wer die Batterie erfunden hat?
  - ob Melitta Bentz Kaffeefilter und Filterpapier erfunden hat?
  - ob Johannes Gutenberg den Buchdruck erfunden hat?
  - ob Alessandro Volta die Batterie erfunden hat?

LANDESKUNDE

Eure

REISEREPORTERIN KATINKA

ist wieder unterwegs –
dieses Mal mit dem Fahrrad
rund um den Bodensee

Morgen geht es los – mit einer Freundin fahre ich mit dem Fahrrad um den Bodensee, den größten See in Deutschland, den drittgrößten in Europa. „Vierländerregion" nennt man diese Region um den Bodensee. Aber warum eigentlich? Der Bodensee grenzt doch nur an Deutschland, Österreich und an die Schweiz. Ich habe also im Internet recherchiert: Liechtenstein gehört auch zur „Vierländerregion". Das Land grenzt zwar nicht direkt an den Bodensee, aber es liegt zwischen Österreich und der Schweiz und es ist nur 30 Minuten mit dem Auto entfernt. Interessant, oder?

Der Bodensee ist ein sehr beliebtes Ziel bei Touristen. Das Klima ist sehr mild, das heißt warme Sommer und nicht zu kalte Winter. Und man kann in kürzester Zeit gleich vier Länder besuchen! Wenn wir den See mit dem Rad umrunden, kommen wir also durch Deutschland, Österreich und die Schweiz. Rund 260 Kilometer ist der Radweg lang. Wir haben sechs Etappen geplant, fittere Menschen als wir schaffen das sicher auch in vier Etappen. Natürlich haben wir unsere Ausweise und Euro und Schweizer Franken schon eingepackt, weil wir ja immer wieder über Landesgrenzen kommen und weil die Länder unterschiedliche Währungen haben. In Deutschland und Österreich zahlt man mit Euro, in der Schweiz und auch in Liechtenstein mit Schweizer Franken.

Als Hamburgerin bin ich besonders gespannt auf die unterschiedlichen deutschen Varietäten am Bodensee. Denn in der deutschen Region spricht man Schwäbisch und Bayerisch, in Österreich Vorarlbergerisch und in der Schweiz Schweizerdeutsch. Ich frage mich, ob ich alles verstehe!

Schaut morgen Abend wieder auf meiner Seite vorbei, dann erzähle ich euch alles über unsere Zugfahrt nach Lindau!

Lies den Text. Ist das richtig (R) oder falsch (F)?

	R	F
1. Katinka und ihre Freundin machen eine Radtour um den Bodensee.	?	?
2. Der Bodensee ist der größte See in Europa.	?	?
3. Liechtenstein grenzt an den Bodensee.	?	?
4. Am Bodensee sind die Winter in der Regel sehr kalt.	?	?
5. Katinka und ihre Freundin fahren circa 260 Kilometer um den Bodensee.	?	?
6. Die Währung in Liechtenstein ist der Euro.	?	?
7. Katinka ist unsicher, dass sie die Leute am Bodensee alle verstehen wird.	?	?
8. Katinka und ihre Freundin fahren mit dem Fahrrad nach Lindau.	?	?

18

GRAMMATIK AUF EINEN BLICK

Adjektive

Komparativ und Superlativ

Adjektiv +	Komparativ ++ -er	Superlativ +++ am ...sten
klein	klein**er**	**am** klein**sten**
bekannt	bekannt**er**	**am** bekannt**esten**
⚠ groß	gr**ö**ß**er**	**am** gr**ö**ß**ten**
⚠ hoch	h**ö**h**er**	**am** h**ö**ch**sten**
⚠ gut	**besser**	**am besten**
⚠ gern	**lieber**	**am liebsten**
⚠ viel	**mehr**	**am meisten**

⚠ Bei einsilbigen Adjektiven oft *a* → *ä*, *o* → *ö*, *u* → *ü*
⚠ Bei Adjektiven auf *-d, -t, -s, -ß, -sch, -x, -z* meist *am ...esten*

Ergänze.

1. klein *kleiner* *am kleinsten*
2. schön [?] [?]
3. langweilig [?] [?]
4. gut [?] [?]
5. lang [?] [?]
6. viel [?] [?]

größer als ...	Julia ist 1,73 m groß. Leyla ist 1,69 m groß. Julia ist größer als Leyla.
(genau)so groß wie ...	Finn ist 1,81 m groß. Beat ist 1,81 m groß. Finn ist (genau)so groß wie Beat.

Ergänze.

1. Sara: 15 Jahre alt – Leon: 15 Jahre alt *Sara ist genauso alt wie Leon.*
2. Franzi: 13 Jahre alt – Emma: 11 Jahre alt [?]
3. Tim: 1,75 m groß – Sandra: 1,73 m groß [?]
4. Tim: 1,75 m groß – Luca: 1,75 m groß [?]

Adjektivdeklination mit Superlativ

	Nominativ	Akkusativ	Dativ
maskulin	der bekannteste Markt	den bekanntesten Markt	auf dem bekanntesten Markt
neutral	das höchste Gebäude	das höchste Gebäude	bei dem höchsten Gebäude
feminin	die tollste Aussicht	die tollste Aussicht	mit der tollsten Aussicht
Plural	die höchsten Gebäude	die höchsten Gebäude	bei den höchsten Gebäuden

Ergänze.

1. Der Bodensee ist der (*groß*) *größte* See in Deutschland.
2. Fahrt unbedingt auf den Donauturm, den (*hoch*) [?] Turm in Wien.
3. Auf dem Viktualienmarkt, dem (*bekannt*) [?] Markt in München, kann man Obst und Gemüse kaufen.
4. Hamburg hat den (*groß*) [?] Hafen in Deutschland.
5 Zürich ist die Stadt mit den (*viel*) [?] Einwohnern in der Schweiz.
6. Nudeln mit Tomatensoße ist für mich ist das (*gut*) [?] Essen.

Frageartikel *Welcher? Welches? Welche?*
Demonstrativartikel *Dieser! Dieses! Diese!*

	Nominativ	Akkusativ	Dativ
maskulin	Welcher? – Dieser!	Welchen? – Diesen!	Welchem? – Diesem!
neutral	Welches? – Dieses!	Welches? – Dieses!	Welchem? – Diesem!
feminin	Welche? – Diese!	Welche? – Diese!	Welcher? – Dieser!
Plural	Welche? – Diese!	Welche? – Diese!	Welchen? – Diesen!

Lokale Präpositionen *bei, bis (zu), durch, gegenüber, um*

bei + Dativ	bei einem Park
bis (zu) + Dativ	bis zum Wald
durch + Akkusativ	durch den Tunnel
gegenüber (von) + Dativ	gegenüber von der Wohnung
um + Akkusativ	um die Ecke

✔ **Ergänze.**

1. Ich fahre mit dem Auto ? einen Tunnel.
2. Ich fahre mit dem Auto ? die Ecke.
3. ? von meinem Haus ist ein Büro.
4. Unsere Wohnung liegt ? einem Park, das heißt der Park ist neben unserem Haus.
5. Von unserer Ferienwohnung können wir weit sehen, sogar ? Meer.

Indirekte Fragen

	direkte Fragen	indirekte Fragen
Fragen mit Fragewort	Wer hat das erfunden? Wer hatte die Idee?	Weißt du, **wer** das erfunden hat? Kannst du mir sagen, **wer** die Idee hatte?
Ja-/Nein-Fragen	Hat von Mayenburg die Zahnpasta erfunden? Hat Herta Heuwer die Currywurst erfunden?	Es ist unsicher, **ob** von Mayenburg die Zahnpasta erfunden hat. Weißt du, **ob** Herta Heuwer die Currywurst erfunden hat?

✔ **Ergänze.**

1. Wann soll ich kommen? → Kannst du mir sagen, *wann ich kommen soll?*
2. Soll ich um 14 kommen? → Kannst du mir sagen, ?
3. Kann ich etwas mitbringen? → Weißt du, ?
4. Was kann ich mitbringen? → Weißt du, ?
5. Wer kommt heute noch? → Weißt du, ?
6. Kommt Jana auch? → Weißt du, ?

Wortbildung

Adjektive mit *un-*		
unsicher	=	nicht sicher
unklar	=	nicht klar

✔ **Ergänze.**

1. nicht fair = ?
2. nicht glücklich = ?
3. nicht interessant = ?
4. nicht ordentlich = ?

→ AB S. 48 – 50

TRAINING

LESEN

1 Lies den Text und beantworte dann die Fragen.

www.juz.net

Höher, schneller, weiter … die deutschen Bundesjugendspiele

Die Bundesjugendspiele sind eine deutsche Sportveranstaltung. Sie finden seit 1951 jedes Jahr im Frühling oder Frühsommer statt. Alle Schulen, alle Schülerinnen und Schüler von der ersten bis zur zehnten Klasse müssen daran teilnehmen. Das Ziel der Spiele ist es, Interesse an Sport und Bewegung zu wecken und ein Gemeinschafts- und Teamgefühl zu schaffen.

Es gibt drei Disziplinen: Leichtathletik, Turnen und Schwimmen. Die Schülerinnen und Schüler müssen zum Beispiel laufen, werfen oder springen, auf dem Boden turnen, kurze oder längere Strecken schwimmen oder tauchen. Je nach dem Alter der Schülerinnen und Schüler unterscheiden sich die Disziplinen.

Für jede Sportart gibt es Punkte, zum Beispiel beim Laufen oder Schwimmen nach der erreichten Zeit oder Strecke. Je mehr Punkte, desto besser, denn alle bekommen eine Urkunde: Eine Ehrenurkunde gibt es für die Besten, eine Siegerurkunde für gute Leistungen und eine Teilnahmeurkunde gibt es für alle, die die nötigen Punkte nicht erreicht haben.

Das sorgt auch für Kritik an den Spielen. Der Wettkampf ist unfair und demotivierend, weil schwache Sportlerinnen und Sportler keine Chance haben, sagen die Kritiker. Es macht keinen Spaß, wenn die ganze Klasse dabei zusieht, wie man als Letzte oder Letzter ins Ziel kommt.

Aber nein, sagen die anderen. Die Spiele sind eine gute Abwechslung vom normalen Unterricht und sie zeigen, wie wichtig Sport für ein gesundes Leben ist. Das Leben besteht nicht nur aus Erfolgen. Auch damit muss man klarkommen.

Wie seht ihr das? Seid ihr pro oder contra Bundesjugendspiele? Schreibt uns eure Meinung!

1. In welchem Land finden die Bundesjugendspiele statt?
2. Seit wann gibt es sie?
3. Wer muss daran teilnehmen?
4. Was ist das Ziel von den Bundesjugendspielen?
5. Welche drei Sportarten gibt es in den Spielen?
6. Welche Urkunden können die Schülerinnen und Schüler bekommen?
7. Was kritisieren manche Menschen an den Spielen? Nenne zwei Punkte.
8. Was finden andere gut an den Spielen? Nenne zwei Punkte.

1. In Deutschland.

SPRECHEN

2 Eine Umfrage am Einstein-Gymnasium. Berichte darüber.

Wer/Was ist ...

1. die fairste Lehrerin / der fairste Lehrer?	Markus Kohl, Englischlehrer	→	63 %
2. das beliebteste Fach?	Sport	→	51 %
3. das unbeliebteste Fach?	Physik	→	58 %
4. das beste Ziel für Schulausflüge?	der Ausflug zum Starnberger See	→	72 %
5. das am häufigsten gekaufte Pausenbrötchen?	Käsebrötchen	→	48 %
6. die beliebteste Aktivität in den Pausen?	Ballspiele	→	41 %

63% sagen, dass Markus Kohl der beliebteste Lehrer ist.

51% sagen, dass ...

HÖREN

062 3 Hör zu. Ist das richtig (R) oder falsch (F)?

Markus Kohl ist als Lehrer am Einstein-Gymnasium so beliebt, weil ...

	R	F
1. er seine Schülerinnen und Schüler respektiert.	?	?
2. er seine Schülerinnen und Schüler nicht wie Kinder behandelt.	?	?
3. er nie schlechte Noten gibt.	?	?
4. er streng ist.	?	?
5. er gerecht ist.	?	?
6. seine Stunden nicht langweilig sind.	?	?
7. er oft mit seinen Schülerinnen und Schülern ins Kino geht.	?	?
8. er seinen Beruf liebt.	?	?

SCHREIBEN

4 Eine Freundin / Ein Freund besucht dich für zwei Tage in deiner Heimatstadt. Schreib ihr/ihm eine E-Mail und geh dabei auf folgende Punkte ein:

- Du freust dich auf den Besuch.
- Was gibt es Besonderes in deiner Heimatstadt?
- Mach drei Vorschläge, was ihr unternehmen könnt.
- Möchte deine Freundin / dein Freund auch etwas mit anderen unternehmen?

Liebe/Lieber ...
ich schreibe dir heute, weil ...

18

VIDEO

VIDEO 18 Die Quiz-Show

1 **Sieh den ersten Videoteil an (0:00 – 1:08). Ordne die Informationen den drei Kandidaten zu.**

1. Bürokauffrau | 2. Kommunikationswissenschaften | 3. Architekt | ~~4 Mutter~~ | 5. Berlin | 6. Architekturbüro | 7. 2 Kinder | 8. Teilzeit | 9. Studentin | 10. Wohnhäuser | 11. Schulen | 12. Bürogebäude

Frau Asbrand: 4, [?], [?], [?]
Herr Stein: [?], [?], [?], [?], [?]
Frau Roth: [?], [?], [?]

2 **Sieh den zweiten Videoteil an (1:09 – 4:55). Ergänze und kreuze an.**

1

Der höchste Berg der Alpen ist *der Mont Blanc*.
Er ist (?) 4885 m (x) 4810 m (?) 4823 m hoch.

2

Die Stadt mit den meisten Einwohnern ist [?].
Sie hat (?) 9,5 (?) 9,0 (?) 9,2 Millionen Einwohner.

3

Der längste der vier Flüsse ist [?].
Er/Sie ist (?) 2730 km (?) 2980 km (?) 2845 km lang.

4

Das Tier mit dem kürzesten Leben ist [?].
Er/Sie wird nur (?) 8 Tage (?) 8 Wochen (?) 8 Monate alt.

5

Der größte der vier Staaten ist [?].
Es/Sie hat eine Fläche von (?) 468 km² (?) 486 km² (?) 846 km².

3 **Das Quiz ist einige Jahre alt. Was meint ihr, welches Thema / welche Themen sind nicht mehr auf dem neuesten Stand? Sprecht in der Klasse.**

4 **Sieh den dritten Videoteil an (4:55 – 7:25). Kreuze an und ergänze.**

1. Wer hat sich für die Schlussphase qualifiziert?

- (?) Herr Stein
- (?) Frau Roth
- (?) Frau Asbrand

2. Was passiert, wenn die Kandidatin / der Kandidat die Risiko-Frage richtig bzw. falsch beantwortet? Mehrere Antworten sind richtig.

- (?) Wenn die Antwort falsch ist, verliert die Kandidatin / der Kandidat alles.
- (?) Wenn die Antwort falsch ist, behält die Kandidatin / der Kandidat den Gewinn von den ersten fünf Fragen.
- (?) Wenn die Antwort richtig ist, verdoppelt die Kandidatin / der Kandidat den Gewinn.

3. Wie viele Kinder hatte Johann Sebastian Bach?

- (?) 13
- (?) 20
- (?) 8
- (?) 6

4. Wie viele Kinder hatten Thomas Mann, Diego Maradona und Kaiserin Maria Theresia?

Thomas Mann: (?) Kinder
Diego Maradona: (?) Kinder
Kaiserin Maria Theresia: (?) Kinder

5. Was bekommt die Siegerin / der Sieger als Preis?

- (?) 3000 Euro
- (?) 6000 Euro
- (?) 9000 Euro

5 **In der nächsten Sendung von „Weißt du das?“ geht es um Tiere. Erstelle eine Liste mit sechs möglichen Fragen.**

1. Welches ist/war das schwerste Tier aller Zeiten?
- (x) *der Blauwal*
- (?) *der Dinosaurier*
- (?) *der afrikanische Elefant*

2. Welches Tier … ?

Grammatikübersicht

1 Verben

1a Regelmäßige Verben

	wohnen	**kommen**	**spielen**	**heißen**	**machen**
ich	wohn-**e**	komm-**e**	spiel-**e**	heiß-**e**	mach-**e**
du	wohn-**st**	komm-**st**	spiel-**st**	heiß-**t**	mach-**st**
er / es / sie	wohn-**t**	komm-**t**	spiel-**t**	heiß-**t**	mach-**t**
wir	wohn-**en**	komm-**en**	spiel-**en**	heiß-**en**	mach-**en**
ihr	wohn-**t**	komm-**t**	spiel-**t**	heiß-**t**	mach-**t**
sie / Sie	wohn-**en**	komm-**en**	spiel-**en**	heiß-**en**	mach-**en**

genauso: *gehen, lernen, liegen, stehen, brauchen, …*

1b Unregelmäßige Verben

	arbeiten	**unterrichten**	**finden**	**tun**	**werden**
ich	arbeit-**e**	unterricht-**e**	find-**e**	tu-**e**	werd-**e**
du	arbeit-**est**	unterricht-**est**	find-**est**	tu-**st**	wir-**st**
er / es / sie	arbeit-**et**	unterricht-**et**	find-**et**	tu-**t**	wir-**d**
wir	arbeit-**en**	unterricht-**en**	find-**en**	tu-**n**	werd-**en**
ihr	arbeit-**et**	unterricht-**et**	find-**et**	tu-**t**	werd-**et**
sie / Sie	arbeit-**en**	unterricht-**en**	find-**en**	tu-**n**	werd-**en**

genauso: *kosten, reden, (er)warten, …*

1c Verben mit Vokalwechsel

	fahren a → ä	**treffen e → i**	**sprechen e → i**	**nehmen e → i**	**geben e → i**	**sehen e → ie**
ich	fahr-**e**	treff-**e**	sprech-**e**	nehm-**e**	geb-**e**	seh-**e**
du	fähr-**st**	triff-**st**	sprich-**st**	nimm-**st**	gib-**st**	sieh-**st**
er / es / sie	fähr-**t**	triff-**t**	sprich-**t**	nimm-**t**	gib-**t**	sieh-**t**
wir	fahr-**en**	treff-**en**	sprech-**en**	nehm-**en**	geb-**en**	seh-**en**
ihr	fahr-**t**	treff-**t**	sprech-**t**	nehm-**t**	geb-**t**	seh-**t**
sie / Sie	fahr-**en**	treff-**en**	sprech-**en**	nehm-**en**	geb-**en**	seh-**en**

genauso: *ich esse, du isst …; ich helfe, du hilfst …; ich lese, du liest …; ich gefalle, du gefällst …; ich schlafe, du schläfst …; ich wasche (mich), du wäschst (dich) …*

1d Unregelmäßige Verben: *sein, haben, wissen*

	sein	**haben**	**wissen**
ich	**bin**	habe	weiß
du	**bist**	**hast**	weiß-**t**
er / es / sie	**ist**	**hat**	weiß
wir	**sind**	haben	wiss-**en**
ihr	**seid**	habt	wiss-**t**
sie / Sie	**sind**	haben	wiss-**en**

1e Präteritum

Präteritum von *sein* und *haben*

	sein	**haben**
ich	war	hatt-**e**
du	war-**st**	hatt-**est**
er / es / sie	war	hatt-**e**
wir	war-**en**	hatt-**en**
ihr	war-**t**	hatt-**et**
sie / Sie	war-**en**	hatt-**en**

Präteritum Modalverben

	können	**wollen**	**müssen**	**dürfen**	**mögen**	**sollen**
ich	konnt-**e**	wollt-**e**	musst-**e**	durft-**e**	mocht-**e**	sollt-**e**
du	konnt-**est**	wollt-**est**	musst-**est**	durft-**est**	mocht-**est**	sollt-**est**
er/es/sie	konnt-**e**	wollt-**e**	musst-**e**	durft-**e**	mocht-**e**	sollt-**e**
wir	konnt-**en**	wollt-**en**	musst-**en**	durft-**en**	mocht-**en**	sollt-**en**
ihr	konnt-**et**	wollt-**et**	musst-**et**	durft-**et**	mocht-**et**	sollt-**et**
sie/Sie	konnt-**en**	wollt-**en**	musst-**en**	durft-**en**	mocht-**en**	sollt-**en**

Präteritum von *sagen* und *kommen*

	sagen	**kommen**
ich	sagt-**e**	kam
du	sagt-**est**	kam-**st**
er/es/sie	sagt-**e**	kam
wir	sagt-**en**	kam-**en**
ihr	sagt-**et**	kam-**t**
sie/Sie	sagt-**en**	kam-**en**

1f Modalverben: *können, wollen, müssen, dürfen, mögen, möchten, sollen*

	können	**wollen**	**müssen**	**dürfen**	**mögen**	**möchten**	**sollen**
ich	kann	will	muss	darf	mag	möcht-**e**	soll
du	kann-**st**	will-**st**	muss-**t**	darf-**st**	mag-**st**	möcht-**est**	soll-**st**
er/es/sie	kann	will	muss	darf	mag	möcht-**e**	soll
wir	könn-**en**	woll-**en**	müss-**en**	dürf-**en**	mög-**en**	möcht-**en**	soll-**en**
ihr	könn-**t**	woll-**t**	müss-**t**	dürf-**t**	mög-**t**	möcht-**et**	soll-**t**
sie/Sie	könn-**en**	woll-**en**	müss-**en**	dürf-**en**	mög-**en**	möcht-**en**	soll-**en**

1g Trennbare Verben

	an•rufen	**fern•sehen e → ie**
ich	rufe … an	sehe … fern
du	rufst … an	siehst … fern
er/es/sie	ruft … an	sieht … fern
wir	rufen … an	sehen … fern
ihr	ruft … an	seht … fern
sie/Sie	rufen … an	sehen … fern

Trennbare Vorsilben:
ab•waschen, an•fangen, an•kommen, (sich) an•ziehen, auf•räumen, auf•stehen, aus•gehen, ein•kaufen, raus•bringen, zu•hören, zurück•fahren, zurück•kommen, …

1h Imperativ (du / ihr / Sie)

	(du)	(ihr)	(Sie)
gehen	Geh!	Geht!	Gehen Sie!
machen	Mach!	Macht!	Machen Sie!
trinken	Trink!	Trinkt!	Trinken Sie!
an•rufen	Ruf ... an!	Ruft ... an!	Rufen Sie ... an!
zu•hören	Hör ... zu!	Hört ... zu!	Hören Sie ... zu!
antworten	Antworte!	Antwortet!	Antworten Sie!
organisieren	Organisiere!	Organisiert!	Organisieren Sie!
nehmen	**Nimm!**	Nehmt!	Nehmen Sie!
sprechen	Sprich!	Sprecht!	Sprechen Sie!
essen	Iss!	Esst!	Essen Sie!
schlafen	Schlaf!	Schlaft!	Schlafen Sie!
fahren	Fahr!	Fahrt!	Fahren Sie!
sein	Sei!	Seid!	Seien Sie!
haben	Hab!	Habt!	Haben Sie!

1i Perfekt

Partizip auf *-t*

	haben / sein		Partizip auf *-t*
Was	**hast**	du im Urlaub	**gemacht?**
Lea	**hat**	jeden Tag Tennis	**gespielt.**
Felix	**ist**	in Österreich	**gewandert.**

Verben auf *-d/-t*:	baden → hat **gebadet** arbeiten → hat **gearbeitet**	Im Urlaub habe ich jeden Tag gebadet. Ich habe bis 20:00 Uhr gearbeitet.
Verben mit *Vokalwechsel*: (z. B. i → a)	bringen → hat **gebracht**	Der Krankenwagen hat Daniel ins Krankenhaus gebracht.
Verben auf *-ieren*: (ohne ge-)	passieren → **ist** passiert (⚠ nur 3. Person Singular + *sein*) fotografieren → hat fotografiert	Was ist gestern passiert? Sami hat die Blaue Moschee fotografiert.

Partizip auf *-en*

	haben / sein		Partizip auf *-en*
Veronika	**ist**	nach Italien	**gefahren.**
Sie	**hat**	dort viel	**gesehen.**

⚠ **Verben mit Vokalwechsel:**
sprechen → hat **gesprochen,** bleiben → ist **geblieben,** ...

Partizip bei trennbaren Verben

	haben / sein		Partizip auf *-t/-en*
Louisa	**hat**	neue Leute	kennen**ge**lern**t**.
Hanna	**hat**	Essen und Getränke	ein**ge**kauf**t**.
Daniel	**ist**	zu spät in München	an**ge**komm**en**.
Kiki	**hat**	Daniels Eltern	an**ge**ruf**en**.

Partizip bei nicht-trennbaren Verben
(be-/emp-/ent-/er-/ge-/ver-)

	haben		Partizip auf *-t/-en*
Daniel	**hat**	den Zug	verpass**t**.
Kiki	**hat**	Daniels Eltern alles	erzähl**t**.
Daniel	**hat**	am Morgen	verschlaf**en**.
Lea	**hat**	keine Einladung	bekomm**en**.

Perfekt mit *haben* oder *sein*

Perfekt mit *haben*:
- die meisten Verben (*hat gelernt, hat gemacht, hat gegessen, …*)
- reflexive Verben (*hat sich gefreut, hat sich getroffen, hat sich angezogen, …*)

Perfekt mit *sein*:
- Ortswechsel A → B (*ist gefahren, ist gegangen, ist gestürzt, …*)
- Zustandswechsel (*er ist Lehrer geworden, er ist gestorben, …*)
- bleiben (*ich bin zu Hause geblieben*), sein (*ich bin in Spanien gewesen*), passieren (*das ist passiert*)

1j Verben mit Dativ: *gehören, gefallen*

	maskulin		neutral		feminin		Plural	
Das T-Shirt gehört/gefällt …	dem einem meinem ihm	Freund	dem einem meinem ihm	Kind	der einer meiner ihr	Freundin	den - meinen ihnen	Freunden

1k Verb *lassen*

	lassen
ich	lass-**e**
du	läss-**t**
er/es/sie	läss-**t**
wir	lass-**en**
ihr	lass-**t**
sie/Sie	lass-**en**

Ich **lasse** den Teppich **reinigen**.
Ich **muss** den Teppich **reinigen lassen**.

1l Reflexive Verben

	sich ärgern
ich	ärger-**e** **mich**
du	ärger-**st** **dich**
er/es/sie	ärger-**t** **sich**
wir	ärger-**n** **uns**
ihr	ärger-**t** **euch**
sie/Sie	ärger-**n** **sich**

Ich ärgere **mich**.
Ich habe **mich** sehr geärgert.

1m Positionsverben *legen/liegen, stellen/stehen, setzen/sitzen, hängen*

Wohin? + Akkusativ	Wo? + Dativ
Ich **lege** den Teppich **auf den Boden.**	Der Teppich **liegt auf dem Boden.**
Ich **stelle** das Sofa **an die Wand.**	Das Sofa **steht an der Wand.**
Ich **setze** den Hund **auf das Sofa.**	Der Hund **sitzt auf dem Sofa.**
Ich **setze** mich **auf das Sofa.**	Ich **sitze auf dem Sofa.**
Ich **hänge** die Jacke **in den Schrank.**	Die Jacke **hängt im Schrank.**

1n Verben mit Präpositionen

mit Akkusativ	mit Dativ
sich interessieren **für**	sich verabreden **mit**
etwas erzählen **über**	sich treffen **mit**
sich kümmern **um**	träumen **von**
warten **auf**	sprechen **mit**
aufpassen **auf**	etwas vereinbaren **mit**
	teilnehmen **an**

1o Konjunktiv II

	könnte	würde	wäre	hätte
ich	könnt-**e**	würd-**e**	wär-**e**	hätt-**e**
du	könnt-**est**	würd-**est**	wär-**(e)st**	hätt-**est**
er/es/sie	könnt-**e**	würd-**e**	wär-**e**	hätt-**e**
wir	könnt-**en**	würd-**en**	wär-**en**	hätt-**en**
ihr	könnt-**et**	würd-**et**	wär-**(e)t**	hätt-**et**
sie/Sie	könnt-**en**	würd-**en**	wär-**en**	hätt-**en**

2 Nomen

2a Genus

der	Film, Park, Supermarkt	maskulin
das	Kino, Fußballspiel, Schwimmbad	neutral
die	Eisdiele, Party, Schule	feminin

2b Plural

	Singular	Plural
-e	das Heft	die Hefte
¨e	der Stuhl	die Stühle
-n	die Stunde	die Stunden
-en	die Übung	die Übungen

	Singular	Plural
-	das Mäppchen	die Mäppchen
¨	der Apfel	die Äpfel
-er	das Bild	die Bilder
¨er	das Buch	die Bücher
-s	das Handy	die Handys

3 Artikel

3a Bestimmter Artikel im Nominativ, Akkusativ und Dativ

	Nominativ Das ist/sind ...		Akkusativ Ich sehe ...		Dativ mit ...	
maskulin	der	Hund	den	Hund	dem	Hund
neutral	das	Buch	das	Buch	dem	Buch
feminin	die	Tasche	die	Tasche	der	Tasche
Plural	die	Hunde	die	Hunde	den	Hunden
	die	Bücher	die	Bücher	den	Büchern
	die	Taschen	die	Taschen	den	Taschen

3b Unbestimmter Artikel im Nominativ, Akkusativ und Dativ

	Nominativ Das ist/sind ...		Akkusativ Ich sehe ...		Dativ mit ...	
maskulin	ein	Hund	einen	Hund	einem	Hund
neutral	ein	Buch	ein	Buch	einem	Buch
feminin	eine	Tasche	eine	Tasche	einer	Tasche
Plural	-	Hunde	-	Hunde	-	Hunden
	-	Bücher	-	Bücher	-	Büchern
	-	Taschen	-	Taschen	-	Taschen

3c Possessivartikel im Nominativ, Akkusativ und Dativ

ich	mein	Freund
du	dein	
er	sein	
es	sein	
sie	ihr	
wir	unser	
ihr	euer	
sie	ihr	
Sie	Ihr	

	Nominativ Das ist/sind ...	Akkusativ Ich sehe ...	Dativ mit ...
maskulin	mein Freund	meinen Freund	meinem Freund
neutral	mein Kaninchen	mein Kaninchen	meinem Kaninchen
feminin	meine Freundin	meine Freundin	meiner Freundin
Plural	meine Eltern	meine Eltern	meinen Eltern

genauso: *dein-, sein-, ihr-, unser-, euer-, ihr-, Ihr-*

3d Frageartikel *Welcher? Welches? Welche?* Demonstrativartikel *Dieser! Dieses! Diese!*

	Nominativ	Akkusativ	Dativ
maskulin	Welcher? – Dieser!	Welchen? – Diesen!	Welchem? – Diesem!
neutral	Welches? – Dieses!	Welches? – Dieses!	Welchem? – Diesem!
feminin	Welche? – Diese!	Welche? – Diese!	Welcher? – Dieser!
Plural	Welche? – Diese!	Welche? – Diese!	Welchen? – Diesen!

4 Pronomen

4a Personalpronomen im Nominativ, Akkusativ und Dativ

Nominativ: Wer? Das bin/bist/ist ...	Akkusativ: Wen? Ich sehe ...	Dativ: Wem? mit ...
ich	mich	mir
du	dich	dir
er/es/sie	ihn/es/sie	ihm/ihm/ihr
wir	uns	uns
ihr	euch	euch
sie/Sie	sie/Sie	ihnen/Ihnen

4b Indefinitpronomen *man*

◆ Was spricht **man** in der Schweiz? ○ In der Schweiz spricht **man** Deutsch, Französisch und Italienisch.

4c Fragepronomen im Nominativ, Akkusativ und Dativ

Nominativ	Wer?	Wer ist der Mann da?
Akkusativ	Wen?	Wen findest du lustig?
Dativ	Wem?	Wem gehören die Tickets?

5 Adjektive

5a Adjektivdeklination nach unbestimmtem Artikel, Negativartikel und Possessivartikel

	Nominativ	Akkusativ	Dativ
maskulin	ein neuer Helm	einen neuen Helm	einem neuen Helm
neutral	ein tolles Geschenk	ein tolles Geschenk	einem tollen Geschenk
feminin	eine gute Idee	eine gute Idee	einer guten Idee
Plural	– schöne Geschenke	– schöne Geschenke	– schönen Geschenken

genauso: *kein-, mein-, dein-, sein-, ...*

5b Adjektivdeklination nach bestimmtem Artikel

	Nominativ	Akkusativ	Dativ
maskulin	der neue Helm	den neuen Helm	dem neuen Helm
neutral	das tolle Geschenk	das tolle Geschenk	dem tollen Geschenk
feminin	die gute Idee	die gute Idee	der guten Idee
Plural	die schönen Geschenke	die schönen Geschenke	den schönen Geschenken

5c Adjektivdeklination mit Superlativ

	Nominativ	Akkusativ	Dativ
maskulin	der bekannteste Markt	den bekanntesten Markt	auf dem bekanntesten Markt
neutral	das höchste Gebäude	das höchste Gebäude	bei dem höchsten Gebäude
feminin	die tollste Aussicht	die tollste Aussicht	mit der tollsten Aussicht
Plural	die höchsten Gebäude	die höchsten Gebäude	bei den höchsten Gebäuden

5d Komparativ und Superlativ

Adjektiv +	Komparativ ++ -er	Superlativ +++ am ...sten
klein	kleiner	am kleinsten
bekannt	bekannter	am bekanntesten
⚠ groß	größer	am größten
⚠ hoch	höher	am höchsten
⚠ gut	besser	am besten
⚠ gern	lieber	am liebsten
⚠ viel	mehr	am meisten

⚠ Bei einsilbigen Adjektiven oft *a* → *ä*, *o* → *ö*, *u* → *ü*
⚠ Bei Adjektiven auf *-d*, *-t*, *-s*, *-ß*, *-sch*, *-x*, *-z* meist *am ...esten*

größer als ...	Julia ist 1,73 m groß. Leyla ist 1,69 m groß. Julia ist größer als Leyla.
(genau)so groß wie ...	Finn ist 1,81 m groß. Beat ist 1,81 m groß. Finn ist (genau)so groß wie Beat.

6 Fragewörter

Wo?	Wohin?	Woher?
Ich bin **in** Berlin.	Ich fahre **nach** Berlin.	Ich komme **aus** Berlin.
Ich wohne **in** Deutschland.	Ich fahre **nach** Deutschland.	Ich komme **aus** Deutschland.
Ich wohne **in der** Schweiz.	Ich fahre **in die** Schweiz.	Ich komme **aus der** Schweiz.
Ich bin **zu** Hause.	Ich gehe **nach** Hause.	
	Ich gehe **in die** Schule.	

Wann?
Der Unterricht beginnt **um** 8:00 Uhr.
Ich habe **am** 8. Oktober Geburtstag.
Im August war ich in Berlin.
Ich war **vom** 10. **bis (zum)** 13. September in Berlin.
Vor zwei Tagen war ich in Berlin.
Letzten Monat/Letztes Jahr/Letzte Woche war ich in Berlin.

7 Präpositionen

7a Wechselpräpositionen mit Akkusativ und Dativ

	Wohin? + Akkusativ	Wo? + Dativ
an	Ich hänge die Bilder **an die Wand.**	Die Bilder hängen **an der Wand.**
auf	Ich setze den Hund **auf das Sofa.**	Der Hund sitzt **auf dem Sofa.**
hinter	Ich lege die Zeitschriften **hinter das Sofa.**	Die Zeitschriften liegen **hinter dem Sofa.**
in	Ich stelle das Glas **in den Schrank.**	Das Glas steht **im Schrank.**
neben	Ich stelle den Mülleimer **neben den Tisch.**	Der Mülleimer steht **neben dem Tisch.**
über	Ich hänge die Lampe **über das Sofa.**	Die Lampe hängt **über dem Sofa.**
unter	Ich lege das Handy **unter das Sofa.**	Das Handy liegt **unter dem Sofa.**
vor	Ich stelle den Tisch **vor das Sofa.**	Der Tisch steht **vor dem Sofa.**
zwischen	Ich stelle den Sessel **zwischen das Sofa** und **den Schrank.**	Der Sessel steht **zwischen dem Sofa** und **dem Schrank.**

7b Lokale Präposition *zu*

Ich fahre zum Tennisclub/zum Fitnessstudio/zur Schule.
Ich bin **zu** Hause.

7c Lokale Präpositionen: Ortsangaben

Wohin? + Akkusativ	Wo? + Dativ
nach Deutschland/Österreich/Irland **nach** Berlin/Dublin **nach** Sardinien **in die** Schweiz/**die** USA	**in** Deutschland/Österreich/Irland **in** Berlin/Dublin **auf** Sardinien **in der** Schweiz/**den** USA
an den See/Strand **ans** Meer **an die** Küste	**am** See/Strand **am** Meer **an der** Küste
auf eine Insel	**auf einer** Insel
in den Süden/Norden/Wald **ins** Gebirge **in die** Berge	**im** Süden/Norden/Wald **im** Gebirge **in den** Bergen
⚠ an + das = ans ⚠ in + das = ins	⚠ an + dem = am ⚠ in + dem = im

7d Lokale Präpositionen *bei, bis (zu), durch, gegenüber, um*

bei + Dativ	bei einem Park
bis (zu) + Dativ	bis zum Wald
durch + Akkusativ	durch den Tunnel
gegenüber (von) + Dativ	gegenüber von der Wohnung
um + Akkusativ	um die Ecke

7e Temporale Präpositionen *um, am, vor, in, von ... bis (zu), seit*

um	◆ Um wie viel Uhr / Wann hast du Chorprobe?	○ **Um** drei Uhr.
am	◆ Wann hast du Geburtstag?	○ **Am** 8. Oktober.
vor + Dativ	◆ Wann bist du nach Berlin gefahren?	○ **Vor** einer Woche.
in + Dativ	◆ Wann warst du in Berlin?	○ **Im** August.
von ... bis (zu) + Dativ	◆ Wann warst du in Berlin?	○ **Vom** 10. **bis (zum)** 17. Juli. ○ **Von** Montag **bis** Freitag.
seit + Dativ	◆ Seit wann hast du Kopfschmerzen?	○ **Seit** einer Woche.
vor + Dativ	◆ Wann jobbst du?	○ **Vor** dem Abitur.
nach + Dativ	◆ Wann gehst du wandern?	○ **Nach** dem Abitur.

7f Präposition *von* und Genitiv bei Namen

Miro ist Viktoria**s** Hund.
Miro ist der Hund **von** Viktoria.

Das ist Viktoria**s** Familie.
Das ist die Familie **von** Viktoria.

7g Modale Präpositionen *für, ohne, mit*

für + Akkusativ	Hanna braucht ein Geschenk **für** ihre Freundin.
ohne + Akkusativ	Ich fahre nicht **ohne** meine Freundin in Urlaub.
mit + Dativ	Ich fahre **mit** meiner Freundin in Urlaub.

8 Satz und Satzstellung

8a Aussagesatz

Position 1	Position 2	Position 3
Ich	komme	aus Berlin.
Lea	wohnt	in München.
Wir	joggen	heute Nachmittag im Park.

Grammatikübersicht

8b *Ja / Nein*-Fragen

Position 1	Position 2	Position 3
Kommst	du	aus Berlin?
Wohnt	Lea	in München?
Joggen	wir	heute Nachmittag im Park?

8c W-Fragen

Position 1	Position 2	Position 3	Position 4
Wer	bist	du?	
Was	machst	du	heute Abend?
Was	kostet	das T-Shirt?	
Wie	heißt	du?	
Wie alt	bist	du?	
Wo	wohnt	Justine?	
Woher	kommt	Luca?	
Wohin	gehen	wir	heute Nachmittag?
Wann	gehst	du	in den Jugendclub?

8d Inversion

Position 1	Position 2	Position 3	Position 4
Ich	esse	zum Frühstück	Brot mit Marmelade.
Zum Frühstück	esse	ich	Brot mit Marmelade.

8e Trennbare Verben

Position 1	Position 2		Ende
Die Schule	fängt	um 8:00 Uhr	an.
Wann	fängt	die Schule	an?

8f Modalverben

Position 1	Position 2		Ende Verb im Infinitiv
Ich	muss	heute Nachmittag Mathe	lernen.
Wann	musst	du heute Mathe	lernen?

8g Infinitivsatz

- Hast du Lust, ins Kino zu **gehen**?
- Nein, ich habe keine Lust, ins Kino zu **gehen**.

8h Position von Akkusativ- und Dativpronomen im Satz

Position 1	Position 2	Position 3	Position 4
Ich	schenke	meinem Freund	ein Handy.
Ich	schenke	ihm	ein Handy.
Ich	schenke	es	ihm
Ich	schenke	es	meinem Freund.

8i Indirekte Fragen

	direkte Fragen	indirekte Fragen
Fragen mit Fragewort	Wer hat das erfunden? Wer hatte die Idee?	Weißt du, **wer** das erfunden hat? Kannst du mir sagen, **wer** die Idee hatte?
Ja-/Nein-Fragen	Hat von Mayenburg die Zahnpasta erfunden? Hat Herta Heuwer die Currywurst erfunden?	Es ist unsicher, **ob** von Mayenburg die Zahnpasta erfunden hat. Weißt du, **ob** Herta Heuwer die Currywurst erfunden hat?

9 Verneinung

9a Verneinung mit *kein*

Nominativ		Akkusativ	
kein Mantel	Das ist kein Mantel.	keinen Mantel	Ich brauche keinen Mantel.
kein T-Shirt	Das ist kein T-Shirt.	kein T-Shirt	Ich kaufe heute kein T-Shirt.
keine Hose	Das ist keine Hose.	keine Hose	Ich brauche keine Hose.
keine Schuhe	Das sind keine Schuhe.	keine Schuhe	Ich kaufe keine Schuhe.

9b Verneinung mit *nicht* und *nichts*

Das Kleid ist **nicht** schön.
Ich komme heute **nicht**.
Julian spielt **nicht** Volleyball, sondern Fußball.

◆ Warum isst du **nichts**?
○ Ich habe keinen Hunger.

9c Antwort mit *doch*

◆ Magst du keinen Joghurt?
○ 🙂 **Doch**, ich mag Joghurt.

10 Wortbildung

10a Zusammengesetzte Nomen

die Kleider + der Schrank	→	der Kleiderschrank
der Fuß + der Ball	→	der Fußball
essen + der Tisch	→	der Esstisch
der Mittag + das Essen	→	das Mittagessen
der Schinken + das Brot	→	das Schinkenbrot
wohnen + das Zimmer	→	das Wohnzimmer
der Sport + die Hose	→	die Sporthose
stehen + die Lampe	→	die Stehlampe
der Sport + die Schuhe	→	die Sportschuhe

10b Nomen auf *-ung*

ausbilden	→	die Ausbild**ung**
versichern	→	die Versicher**ung**
verpflegen	→	die Verpfleg**ung**

10c Nationalitäten und Berufe

der Österreicher	die Österreicherin
der Türke	die Türkin
der Deutsche	die Deutsche
der Lehrer	die Lehrerin
der Angestellte	die Angestellte
der Kaufmann	die Kauffrau

10d Tageszeiten und Wochentage

jeden Morgen	→	morgens
jeden Mittag	→	mittags
jeden Nachmittag	→	nachmittags
...		
jeden Montag	→	montags
jeden Dienstag	→	dienstags
jeden Mittwoch	→	mittwochs
...		

10e Adjektive

Adjektive auf *-ig*, *-isch*

-ig	die Sonne	→	sonn**ig**
	⚠ der Nebel	→	neb**lig**
-isch	der Sturm	→	st**ü**rm**isch**
	⚠ der Regen	→	regn**erisch**

Adjektive auf *-los*

-los	die Arbeit	→	arbeits**los**
	der Sinn	→	sinn**los**
	der Respekt	→	respekt**los**
	die Kosten	→	kosten**los**
	der Humor	→	humor**los**

Adjektive auf *un-*

un-	**un**sicher = nicht sicher
	unklar = nicht klar

11 Konjunktionen

11a *sondern*

Der Sessel kommt nicht ins Schlafzimmer. Er kommt ins Wohnzimmer.
Der Sessel kommt nicht ins Schlafzimmer, **sondern** ins Wohnzimmer.
Das ist kein T-Shirt. Das ist ein Poloshirt.
Das ist kein T-Shirt, **sondern** ein Poloshirt.

11b *denn*

Opa Moritz ist besonders. Er schläft in der Badewanne.
Opa Moritz ist besonders, **denn** er schläft in der Badewanne.

11c *wenn*

Wenn ich Halsschmerzen **habe**, (dann) nehme ich Halstabletten.

Ich nehme Halstabletten, **wenn** ich Halsschmerzen **habe**.

11d *weil*

Ich ernähre mich gesund, **weil** ich fit bleiben **möchte**.

11e *dass*

Ich weiß, **dass** Sami viel Sport **macht**.

Frau Stein sagt, **dass** sie jeden Tag Obst und Gemüse **isst**.

Ich habe gehört, **dass** Frau Meier beim Arzt **war**.

Weißt du, **dass** Martina jeden Morgen um 6:00 Uhr **aufsteht**?

Es tut mir leid, **dass** der Teppich schmutzig **ist**.

11f *deshalb*

Ich habe Respekt vor älteren Menschen, **deshalb** will ich für eine Senioreneinrichtung arbeiten.

12 Zahlwörter

12a Ordinalzahlen / Datum

Ich habe **am** achten Oktober Geburtstag.
Ich bin eine Woche geblieben, **vom** zehnten **bis (zum)** siebzehnten Juli.

Wann? → Am … / Vom … bis (zum) …		
1. (**ersten**) August	8. (**achten**)	20. (zwanzig**sten**)
2. (zwei**ten**)	9. (neun**ten**)	21. (einundzwanzig**sten**)
3. (**dritten**)	10. (zehn**ten**)	22. (zweiundzwanzig**sten**)
4. (vier**ten**)	11. (elf**ten**)	…
5. (fünf**ten**)	12. (zwölf**ten**)	30. (dreißig**sten**)
6. (sechs**ten**)	13. (dreizehn**ten**)	…
7. (**siebten**)	…	

12b Datumsangaben

Nominativ	Heute ist **der** 5. (**fünfte**) April.
Akkusativ	Heute haben wir **den** 5. (**fünften**) April.
Dativ	Ich habe **am** 5. (**fünften**) April Geburtstag.

12c Jahreszahlen

1999: neunzehnhundertneunundneunzig
2002: zweitausendzwei

Alphabetische Wortliste

- Die alphabetische Wortliste enthält die Wörter dieses Kursbuches mit Nennung der Lektion und der Aufgabennummer. Angegeben ist jeweils das erste Vorkommen in den Lektionen.
  Beispiel: die **Altstadt, ⸚e** 18 1
  Das Wort *Altstadt* kommt erstmals in *Lektion 18*, *Aufgabe 1* vor.
- Angaben in Klammern geben Zusatzinformationen zum Kontext, Beispiel: *auf•nehmen (Tiere)*
- -e, -en, -er (etc.) = Endung im Plural / ¨ = Plural mit Umlaut / – = Plural wie Singular
- Nomen mit der Angabe (Sg.) verwendet man in der Regel nur im Singular.
- Nomen mit der Angabe (Pl.) verwendet man in der Regel nur im Plural.
- Trennbare Vorsilben werden mit • angegeben.
- Folgende Abkürzungen werden verwendet:
  AU = Aussprache LK = Landeskunde PR = Projekt TR = Training VD = Video

A

B

der **Bestandteil, -e** 17 LK
das **Beste (Sg.)** 15 LK, 1
bestehen (eine Prüfung) 15 LK, 1
bestehen (aus) 18 TR, 1
bestellen 15 6
die **Bestellung, -en** 17 TR, 4
besten (am ~) 18 1
bestrafen 18 TR, 3
die **Betreuung, -en** 17 17
die **Bewerbung, -en** 17 TR, 1
der **Bewohner, -** 17 17
die **Bewohnerin, -nen** 17 17
bewölkt 16 10
die **Bezahlung, -en** 17 VD, 1
das **Blatt, ¨er** 18 14
der **Blauwal, -e** 18 VD, 5
bloß (~ nicht) 15 6
die **Bowlingbahn, -en** 15 14
das **Bowlingcenter, -** 15 14
die **Bowlingkugel, -n** 15 14
braten 18 14
der **Buchdruck (Sg.)** 18 16
das **Budget, -s** 16 TR, 4
die **Bundesjugendspiele (Pl.)** 18 TR, 1
bunt 15 6
das **Bürogebäude, -** 18 9

C

der **Cateringservice, -s** 15 20
die **Chance, -n** 18 TR, 1
die **Charaktereigenschaft, -en** 17 15
contra 18 TR, 1
cool 15 4
die **Currysoße, -n** 18 14

D

die **Dankbarkeit (Sg.)** 17 VD, 2
danken 15 1
daran 18 TR, 3
darüber 17 9
darum 15 20
dekorieren 15 21
demotivierend 18 TR, 1
das **Design, -s** 15 4
deutlich 16 13
deutschsprachig 18
der **Dialekt, -e** 18 1
der **Dinosaurier, -** 18 VD, 5
die **Disziplin, -en** 18 TR, 1
das **Dorf, ¨er** 17 15
draußen 15 14
dringend 15 4
drucken 15 1

E

die **Ebbe (Sg.)** 16 TR, 1
echt 15 6
ehrenamtlich 17 PR
die **Ehrenurkunde, -n** 18 TR, 1
ein·bringen 17 17
eindeutig 18 14
ein·räumen 17 TR, 1
die **Einrichtung, -en** 17 9
eins fühlen (sich) 17 LK
eisig 15 14
der **Elefant, -en** 18 VD, 5
die **Elektrotechnik (Sg.)** 17 12
der **Elektrotechniker, -** 17 12
die **Elektrotechnikerin, -nen** 17 12
der **Emmentaler Käse (Sg.)** 18 1
das **Engagement, -s** 17 9
engagieren (sich) 16 1
entfernt 18 LK
enthalten sein 15 4
entscheiden (sich) 17 17
die **Entscheidung, -en** 17 15
entwickeln 17 1
der **Erfahrungsbericht, -e** 17 17
erfinden 18 14
der **Erfolg, -e** 18 TR, 1
die **Erfüllung (Sg.)** 15 LK, 1
erhalten 17 9
erholsam 15 LK, 1
die **Erholung (Sg.)** 16 TR, 1
der **Erholungsurlaub, -e** 16 LK, 1
die **Ermäßigung, -en** 16 1
ermöglichen 16 LK, 1
ernten 17 LK
erreicht 18 TR, 1
der/die **Erwachsene, -n** 18 TR, 3
die **Erwartung, -en** 16 16
die **Etappe, -n** 18 LK
europäisch 16 1
das **Event, -s** 17 1
der **Eventmanager, -** 17 1
die **Eventmanagerin, -nen** 17 1
experimentieren 17 1

F

die **Fachfrau, -en** 17 AU, 4
der **Fachmann, ¨er** 17 AU, 4
die **Fähigkeit, -en** 17 9
das **Fahrgeschäft, -e** 15 VD, 4
die **Fahrt, -en** 16 VD, 1
fair 15 4
faul 17 TR, 4
der **Feiertag, -e** 15 LK, 1
das **Feld, -er** 15 14
der **Ferienstart, -s** 16 13
der **Ferientag, -e** 16 VD, 5
die **Ferne (Sg.)** 15 LK, 1
fest 15 LK, 1
das **Fest, -e** 15 LK, 1
das **Festland (Sg.)** 16 LK, 1
der **Festtag, -e** 15 LK, 1
das **Filterpapier, -e** 18 14
finanziell 17 TR, 4
das **Fischbrötchen, -** 18 1
der **Fjord, -e** 16 5
flach 16 TR, 1
flexibel 16 1
der **Flugbegleiter, -** 17 5
die **Flugbegleiterin, -nen** 17 5
die **Flut (Sg.)** 16 TR, 1
das **Franzbrötchen, -** 18 1
freiwillig 17 9
Freiwilliges Ökologisches Jahr (FÖJ) 17 LK
Freiwilliges Soziales Jahr (FSJ) 17 9
friedlich 15 LK, 1
frieren 15 14
Frohes Fest! 15 LK, 1
das **Frühjahr (Sg.)** 16 LK, 1
der **Frühsommer, -** 18 TR, 1
die **Führung, -en** 15 23
der **Fußgänger, -** 18 9
die **Fußgängerin, -nen** 18 9

G

garantieren 15 VD, 2
der **Gärtner, -** 17 5
die **Gärtnerin, -nen** 17 5
das **Gebäck, -e** 18 1
das **Gebirge, -** 16 5
gebraucht 15 1
das **Geburtstagsgeschenk, -e** 15 1

geehrt 15 LK, 1
gefrierend 16 12
das **Gefühl, -e** 15 22
gegeneinander 16 16
gegenüber 18 9
das **Geheimnis, -se** 18 TR, 3
die **Gehzeit, -en** 16 1
die **Geisterbahn, -en** 15 VD, 1
gelingen 15 22
das **Gemeinschaftsgefühl (Sg.)** 18 TR, 1
genial 16 TR, 1
genügend 16 18
die **Gesellschaft (Sg.)** 17 TR, 1
der **Gewinn, -e** 18 VD, 4
das **Gewitter, -** 16 12
das **Gewürz, -e** 18 12
die **Giraffe, -n** 18 6
der/die **Gleichaltrige, -n** 16 1
der **Glückwunsch, ¨e** 15 LK, 1
der **Grafikdesigner, -** 17 14
die **Grafikdesignerin, -nen** 17 14
grenzen 18 LK
großartig 15 1
die **Großstadt, ¨e** 16 LK, 1
der **Grund, ¨e** 17 1
gründen 15 19
die **Gruppe, -n** 15 19
das **Gute (Sg.)** 17 9
Gutes (etwas ~) 17 12

H

der **Handschuh, -e** 15 6
der **Handwerker, -** 17 14
die **Handwerkerin, -nen** 17 14
die **Hauptattraktion, -en** 16 LK, 1
der **Hauptgrund, ¨e** 16 TR, 2
die **Hausfrau, -en** 18 14
der **Hausmann, ¨er** 18 14
die **Heimat (Sg.)** 18 1
das **Heimatland, ¨er** 18 PR
heimlich 15 23
der **Helm, -e** 15 1
heraus·finden 17 9
herrschen 16 TR, 1
herum·führen 17 15
herum·laufen 16 TR, 1
hierher·kommen 16 5
hilfreich 15 4
die **Hilfsorganisation, -en** 17 12
hin- und herlaufen 17 TR, 4
hin·bringen 15 20
hin·gehen 15 1
historisch 16 16
die **Hitze (Sg.)** 16 15
hoch·laden 17 15
die **Höchsttemperatur, -en** 16 11
die **Hochzeit, -en** 15 TR, 5
der **Hochzeitstag, e** 15 TR, 5
der **Hof, ¨e** 17 LK
der **Hofladen, ¨** 17 LK
der **Höhenmeter, -** 16 1
die **Homepage, -s** 17 9
der **Hörer, -** 18 9
die **Hörerin, -nen** 18 9
das **Hühnchen, -** 18 6
der **Humor (Sg.)** 17 17
humorlos 17 17

I

das **Informatikstudium (Sg.)** 17 1
die **Informationsarbeit, -en** 17 15
innovativ 17 LK
insbesondere 16 LK, 1
die **Insel, -n** 16 5
intensiv 17 LK
das **Interrail (Sg.)** 16 1
investieren 15 TR, 1
irgendwie 17 15
der **IT-Spezialist, -en** 17 5
die **IT-Spezialistin, -nen** 17 5

J

jahrelang 15 TR, 1
je ... desto 18 TR, 1
der **Job, -s** 17 PR
jobben 16 1
der **Joggingschuh, -e** 15 8
der **Journalist, -en** 17 5
die **Journalistin, -nen** 17 5

K

der **Kaffeefilter, -** 18 14
der **Kaffeesatz, ¨e** 18 14
das **Kajak, -s** 16 5
die **Kälte (Sg.)** 15 14
der **Kanal, ¨e** 15 14
der **Kandidat, -en** 18 VD, 1
die **Kandidatin, -nen** 18 VD, 1
das **Karussell, -e** 15 VD, 1
die **Käserei, -en** 18 1
kassieren 17 TR, 4
der **Kindergarten, ¨** 17 9
das **Kinderheim, -e** 15 TR, 1
kinderlieb 17 TR, 1
der **Kiosk, -e** 18 14
kitesurfen 16 TR, 1
klar·kommen 18 TR, 1
der **Klassiker, -** 16 LK, 1
der **Kletterkurs, -e** 16 5
das **Klima (Sg.)** 18 LK
die **Klimabranche (Sg.)** 17 LK
die **Klinik, -en** 17 12
knapp 16 TR, 1
der **Koch, ¨e** 17 5
die **Köchin, -nen** 17 5
die **Kommunikationswissenschaften (Pl.)** 18 VD, 1
kommunizieren 17 1
konkret 18 TR, 3
die **Konzertkarte, -n** 15 1
körperlich 17 1
kräftig 16 12
die **Krankenschwester, -n** 17 VD, 1
die **Krankenversicherung, -en** 17 9
kreativ 17 1
Kreatives (etwas ~) 17 14
der **Krebs, -e** 16 TR, 1
die **Kritik, -en** 18 TR, 1
der **Kritiker, -** 18 TR, 1
die **Kritikerin, -nen** 18 TR, 1
kühl 16 8
kulturell 17 9
der **Kulturverein, -e** 17 17
die **Kundenrezension, -en** 15 4
der **Kundenservice, -s** 15 4
die **Kunstgeschichte (Sg.)** 15 24
die **Küste, -n** 16 5

L

der **Labskaus (Sg.)** 18 1
laden 16 3
die **Landesgrenze, -n** 18 LK
die **Landstraße, -n** 16 VD, 1
die **Landwirtschaft (Sg.)** 16 1
landwirtschaftlich 16 2
Laufe (im ~) 16 11

lauter 15 6
das **Lebensjahr, -e** 15 LK, 1
die **Lebensqualität (Sg.)** 18 1
leicht 15 4
die **Leichtathletik (Sg.)** 18 TR, 1
leisten 17 12
die **Leistung, -en** 18 TR, 1
der **Leiter, -** 15 21
die **Leiterin, -nen** 15 21
das **Licht, -er** 15 22
die **Lichterkette, -n** 15 1
das **Lieblingsfoto, -s** 15 1
liebster, liebstes, liebste 16 LK, 1
das **Lied, -er** 15 22
die **Lieferung, -en** 15 4
der **Liegestuhl, ¨e** 15 14
der **LKW, -s (= Lastkraftwagen)** 18 9
das **Loch, ¨er** 18 1
lohnen (sich) 15 LK, 1
lokal 16 12
das **Los, -e** 15 VD, 1
lösen 15 20
los·fahren 16 VD, 1
das **Lösungswort, ¨er** 18 4
die **Lüge, -n** 15 20

M

die **Malerei, -en** 15 23
massiv 16 12
materiell 15 TR, 1
der **Mechaniker, -** 17 5
die **Mechanikerin, -nen** 17 5
medizinisch 17 1
das **Medizinstudium (Sg.)** 17 13
der **Meerblick (Sg.)** 16 VD, 1
der **Meilenstein, -e** 15 LK, 1
meisten (am ~) 18 1
mild 16 LK, 1
das **Mindestalter, -** 17 TR, 1
mit·arbeiten 16 1
mit·bringen 15 20
mit·fahren 16 TR, 2
das **Mitglied, -er** 16 1
mit·spielen 16 8
das **Mittelgebirge, -** 16 LK, 1
mittlerweile 16 TR1,
das **Model, -s** 17 5
möglichst 16 1
monatlich 17 9
motivieren 18 TR, 3
das **Motorrad, ¨er** 18 9
die **Mühe, -n** 15 TR, 1
die **Muschel, -n** 16 TR, 1
das **Musical, -s** 15 1
das **Musikfestival, -s** 16 16
das **Muss (Sg.)** 18 12

N

das **Nachbarland, ¨er** 18 4
die **Nachbarschaft (Sg.)** 15 23
nach·feiern 15 19
nach·forschen 18 14
nach·fragen 16 LK, 1
nachher 15 6
die **Nachhilfe, -n** 17 TR, 5
die **Nachtschicht, -en** 17 VD, 3
der **Nahverkehr (Sg.)** 16 12
nass 16 12
der **Naturpark, -s** 17 LK
der **Naturschutzverband, ¨e** 17 LK
der **Nebel (Sg.)** 16 10
neblig 16 10
Norddeutschland 17 12
der **Norden (Sg.)** 16 11
nördlich 18 4
die **Nordsee (Sg.)** 16 LK, 1
die **Nordseeküste (Sg.)** 16 TR, 1
notieren 17 TR, 4
nötig 18 TR, 1

O

die **Oberstufe, -n** 18 TR, 3
öfter 16 5
der **Ohrring, -e** 15 TR, 5
ökologisch 16 1
die **Ordnung (Sg.) (in ~)** 15 6
die **Organisation, -en (Einrichtung)** 17 12
das **Organisationskomitee, -s** 17 1
orientieren (sich) 17 LK
die **Ostseeküste (Sg.)** 16 TR, 1

P

packen 16 3
die **Palme, -n** 15 14
das **Parfüm, -s** 15 5
die **Pauschale, -n** 16 1
die **Pfefferminzplantage, -n** 18 14
das **Pferd, -e** 16 14
die **Pflegefachfrau, -en** 17 1
der **Pflegefachmann, ¨er** 17 1
das **Pflegepersonal (Sg.)** 17 VD, 2
physisch 17 1
das **Plätzchen, -** 15 LK, 1
die **Polizeiarbeit (Sg.)** 17 1
posten 16 1
das **Poster, -** 16 PR
das **Praktikum, Praktika** 17 1
Praktisches (etwas ~) 17 12
der **Preis, -e** 18 VD, 4
der **Professor, -en** 15 23
die **Professorin, -nen** 15 23
das **Projekt, -e** 16 1
die **Projektwoche, -n** 16 1
psychisch 17 1
der **Puls (Sg.)** 17 VD, 3
pur 16 TR, 1

Q

der **Quadratkilometer, -** 16 TR, 1
qualifizieren (sich) 18 VD, 4
das **Quartier, -e** 18 12
das **Quiz, -** 18 4

R

der **Radweg, -e** 18 LK
der **Rahmen, - (im ~)** 17 15
die **Rahmenbedingung, -en** 17 10
die **Rallye, -s** 16 16
der **Rand, ¨er** 18 9
das **Rätsel, -** 16 16
reagieren 15 TR, 1
rechnen 17 TR, 4
die **Rechnung, -en** 17 AU, 3
rechtzeitig 16 TR, 1
die **Redaktion, -en** 18 12
der **Regen (Sg.)** 16 10
die **Regierung, -en** 18 1
regnerisch 16 10
rein 16 1
die **Reinigungsarbeit, -en** 17 TR, 1
der **Reisereporter, -** 16 TR, 1
die **Reisereporterin, -nen** 16 TR, 1
die **Reiseroute, -n** 16 1
repräsentativ 16 LK, 1
respektlos 17 11
das **Riesenrad, ¨er** 15 VD, 1

S

T

der **Turm, ¨e** 18 8
turnen 18 TR, 1
das **Turnen (Sg.)** 18 TR, 1
der **Typ, -en** 15 1

U

übernehmen 17 9
überraschen (jemanden) 15 23
überwiegend 16 11
übrig•bleiben 15 20
um (~ die Ecke) 18 9
die **Umarmung, -en** 15 LK, 1
die **Umgebung, -en** 18 1
umgekehrt 16 8
umrunden 18 LK
umsonst 16 1
das **Umweltinstitut, -e** 17 LK
unbeliebt 18 TR, 2
unbenutzt 15 TR, 1
undankbar 15 TR, 1
unendlich 17 TR, 4
unglaublich 15 14
unhöflich 15 TR, 1
die **Uni-Klinik, -en** 17 VD, 3
unklar 18 14
unregelmäßig 15 23
unsicher 15 TR, 5
das **Unternehmen, -** 17 LK
unterschiedlich 17 1
unterschreiben 15 20
die **Urkunde, -n** 18 TR, 1
die **Urlaubsinsel, -n** 16 LK, 1
das **Urlaubsland, ¨er** 16 LK, 1
der **Urlaubstag, -e** 17 9
das **Urlaubsziel, -e** 16 LK, 1

V

die **Varietät, -en** 18 LK
die **Verantwortung (Sg.)** 17 1
die **Verarbeitung (Sg.)** 15 4
verbessern 16 5
das **Verbrechen, -** 17 1
der **Verdienst, -e** 16 1
verdoppeln 18 VD, 4
die **Vereinten Nationen (Pl.)** 16 16
vergehen 15 TR, 5
der **Vergleich, -e** 16 LK, 1
verhindern 17 1
das **Verkehrsmittel, -** 16 TR, 4
verlangen 18 TR, 3
vermitteln 15 14
verpflegen 17 11
der **Verpflegungszuschuss, ¨e** 17 9
verreisen 16 1
verschenken 15 TR, 2
verschicken 15 21
versichern 17 11
die **Versicherung, -en** 17 9
versorgen 17 15
verständigen (sich) 17 15
verwandeln 15 14
die **Vierländerregion (Sg.)** 18 LK
der **Vogel, ¨** 17 1
die **Vollzeit (Sg.)** 17 9
das **Vorarlbergisch (Sg.)** 18 LK
Voraus (im ~) 16 5
vorsichtig 17 15
vor•stellen (sich) (denken) 17 12

W

der **Wahnsinn (Sg.)** 15 TR, 5
die **Wahrheit (Sg.)** 15 TR, 1
wahrscheinlich 16 12
das **Wanderbuch, ¨er** 15 6
der **Wanderurlaub, -e** 16 LK, 1
die **Wärme (Sg.)** 16 1
wärmen (sich) 15 14
die **Warnung, -en** 16 13
das **Watt (Sg.)** 16 TR, 1
das **Wattwandern (Sg.)** 16 TR, 1
wecken (Interesse ~) 18 TR, 1
weg•werfen 15 TR, 1
wehen 16 TR, 1
das **Weihnachten (Sg.)** 15 6
das **Weihnachtsgeschenk, -e** 15 6
weit 16 12
weiter•entwickeln (sich) 17 9
Welcher? Welches? Welche? 17 7
die **Werbung, -en** 18 14
werden 15 12
werfen 18 TR, 1
der **Wetterbericht, -e** 16 12
die **Wettermeldung, -en** 16 13
der **Wettkampf, ¨e** 18 TR, 1
wieder•kommen 16 TR, 1
die **Wiese, -n** 18 12
der **Wievielte (Sg.) (Datum)** 15 11
der **Wind, -e** 16 10
windig 16 10
wirtschaftlich 17 1
das **Wissen (Sg.)** 18 4
wochenlang 16 5
wöchentlich 17 TR, 1
wofür 16 16
wohl 18 TR, 3
der **Wohnkostenzuschuss, ¨e** 17 9
das **Wohnmobil, -e** 16 5
die **Wohnmöglichkeit, -en** 17 9
die **Wolke, -n** 16 10
Worüber? 17 9
wunderbar 15 LK, 1
wunderschön 18 1
der **Wunsch, ¨e** 16 16
der **Wurm, ¨er** 16 TR, 1

Z

die **Zahnmedizin (Sg.)** 17 1
die **Zahnpasta, -s** 18 14
zeitweise 16 11
das **Zelt, -e** 15 14
zelten 16 TR, 2
der **Zettel, -** 17 TR, 5
das **Zeugnis, -se** 17 TR, 5
das **Ziel, -e** 15 LK, 1
die **Zone, -n** 16 TR, 1
die **Zuckerwatte, -n** 15 VD, 2
zufrieden 15 4
die **Zufriedenheit (Sg.)** 15 LK, 1
zu•frieren 15 14
das **Zuhause (Sg.)** 17 15
die **Zukunft (Sg.)** 15 LK, 1
zurück•geben 17 TR, 4
zurück•ziehen (sich) 16 TR, 1
zusammen•arbeiten 17 1
zusammen•fassen 15 PR
zuständig 17 VD, 2
der **Zusteller, -** 17 TR, 1
die **Zustellerin, -nen** 17 TR, 1
zu•stimmen 15 PR
zuverlässig 17 TR, 1
zuvor 17 TR, 4
die **Zwiebel, -n** 18 1

Quellenverzeichnis

Cover: Mädchen © Getty Images/iStock/Damir Khabirov, Junge links © Getty Images/iStock/carles miro, Junge rechts © watman - stock.adobe.com; Hintergründe: Buchstabe T © Getty Images/E+/Generistock, Buchstabe E © Getty Images/iStock/Alex, Buchstabe A © Getty Images/iStock/Julio Ricco, Buchstabe M © Getty Images/iStock/Sami Sert

Umschlagkarte: Kartografie-Service: © www.landkarten-erstellung.de HF/AB

Wegweiser, Inhalt: s. die jeweiligen Seiten

Fotos Innenteil:

S. 8: Fotoleine © Getty Images/iStock/martin-dm, Trinkflasche © Getty Images/iStock/MadVector, Helm © Racle Fotodesign - stock.adobe.com, Konzertkarte © fotolia/Nicemonkey, SUP © Marharyta - stock.adobe.com

S. 10: Helm © Getty Images/iStock/BSANI, Skihose © Getty Images/iStock/Felipe Gustavo S Borges, Buch © Getty Images/iStock/tibor5, T-Shirt © Getty Images/iStock/tatniz, Pullover © Getty Images/iStock/mawielobob, Handschuhe © Getty Images/iStock/Lilkin, Socken © Getty Images/iStock/Gingagi, Schal © Getty Images/iStock/mamadela, Sonnenbrille © iStock/TPopova; Anorak © Getty Images/iStock/James Benson, Turnschuhe © Getty Images/E+/ozgurdonmaz, Mantel © Getty Images/iStock/mawielobob, T-Shirt © Getty Imagesa/iStock/Aravinda Chandrapadma

S. 11: Frau Berger © Shutterstock.com/Viktoriia Hnatiuk, Julia © Shutterstock.com/Ground Picture, Martin © Shutterstock.com/ESB Professional, Niam © Shutterstock.com/SpeedKingz, Katja © Getty Images/iStock/Brainsil, Herr Schulz © Shutterstock.com/goodluz

S. 12: Max © Getty Images/iStock/furtaev, Mädchen © Getty Images/iStock/AaronAmat, Anna © Getty Images/iStock/Carles Iturbe Ferre, Jürgen © Getty Images/iStock/Chris Ryan, Peter © Getty Images/E+/pixelfit, Sabine © Getty Images/iStock/Wavebreakmedia, Pascal © Getty Images/iStock/sanjagrujic, Lukas © Getty Images/iStock/Giselleflissak

S. 13: Max © Getty Images/iStock/furtaev, Bowling © iStock/Adivin, Plastikinsel © Getty Images Plus/iStock/EdnaM, Grill © fotolia/lily, Eva © PantherMedia/Barbara Mayer, Schlittschuhe © Getty Images/iStock/Shell_114

S. 14: Gruppe © Getty Images/iStock/g-stockstudio

S. 16: Mädchen © Getty Images/iStock/drbimages, Max © Getty Images/iStock/furtaev

S. 17: Museum © Thinkstock/iStock/Lance Bellers, Mädchen geht Gassi © Getty Images/iStock/VYCHEGZHANINA, Frau mit Hunden © Getty Images/E+/hedgehog94

S. 18: Junge © Getty Images/iStock/4x6

S. 20: Geburtstagstörtchen © Thinkstock/iStock/RuthBlack

S. 21: Illustration Eule © Getty Images/iStock/justinroque, Partydeko © fotolia/senoldo

S. 24: Socken © Pejo - stock.adobe.com, Jana © Getty Images/iStock/gpointstudio, Carmen © Louis-Photo - stock.adobe.com, Alpakas © Rita Kochmarjova - stock.adobe.com

S. 25: Gespräch © Getty Images/E+/pixelfit, Geburtstag © Getty Images/E+/andresr

S. 26: Geisterbahn © Mr.Stock - stock.adobe.com, Shaker © Bernd Leitner - stock.adobe.com, Imbiss © Getty Images/E+/SolStock, Riesenrad © fottoo - stock.adobe.com, Karusell © allessuper_1979 - stock.adobe.com, Losstand © VRD - stock.adobe.com

S. 27: Ü5 Junge links © Getty Images/iStock/Eva-Katalin

S. 28: Zug © Thinkstock/iStock/Eduard Lysenko, Landschaft © Getty Images/E+/byPaul, Lagerfeuer © HENADZY - stock.adobe.com, Emil © Getty Images/E+/Imgorthand, Ronja © Treerat - stock.adobe.com

S. 29: Josip © Getty Images/Creatas/Jupiterimages

S. 30: Beate © Getty Images/iStock/Voronchuk Daria, Annika © Getty Images/iStock/Jovanmandic, Timo © Getty Images/E+/fotodelux, Martin © Getty Images/E+/pixelfit

S. 31: Wettersymbole © CreativeCore - stock.adobe.com

S. 32: Eisregen © Thinkstock/iStock/Miha9000, Sturm © Getty Images/iStock/Chalabala, Gewitter © Getty Images/iStock/Toltek, Wettersymbole © CreativeCore - stock.adobe.com

S. 33: Beate © Getty Images/iStock/Voronchuk Daria, Annika © Getty Images/iStock/Jovanmandic

S. 34: Pferd © Thinkstock/iStockphoto, Vereinte Nationen Gebäude © iStockphoto/JacobH, Donauinsel © xbrchx - stock.adobe.com, Albertina Wien © Getty Images/iStock/typhoonski, Radfahrer © fotolia/yanlev, Stadtralley © Getty Images/iStock/Zinkevych

S. 35: Justus © Getty Images/iStock/monkeybusinessimages, Maria © Getty Images/E+/Solange_Z

S. 36: Illustration Hut © Casoalfonso - stock.adobe.com, Illustration Brezel © Getty Images/iStock/EgudinKa, Illustration Wanderschuhe © viktorrey - stock.adobe.com, Illustration Rucksack © Getty Images/iStock/Elena Bondarenko, Illustration Blatt © Getty Images/iStock/Mary Desy

S. 38: Hamburg © mstein - stock.adobe.com, Barcelona © Thinkstock/iStock/fazon1, Venedig © samot/123rf.com, Athen © Getty Images/iStock/sborisov

S. 41: Langeoog © lesniewski - stock.adobe.com, Tini © Getty Images/E+/Juanmonino, Strand © iStock/ewg3D, Lothar © Getty Images/iStock/AaronAmat, Watt © Getty Images/iStock/Animaflora, Niklas © Getty Images/iStock/ruizluquepaz, Kitesurfen © Getty Images/E+/Raul_Mellado

S. 45: 1 © Getty Images/E+/South_agency, 2 © .shock - stock.adobe.com, 3 © iStockphoto/leaf, 4 © Thinkstock/Wavebreakmedia Ltd, 5 © Getty Images/iStock/Paul Bradbury, 6 © Getty Images/DigitalVision/PeopleImages, 7 © Getty Images/iStock/DisobeyArt, 8 © fotolia/industrieblick, 9 © Thinkstock/PHOTOS.com/Jupiterimages, 10 © Getty Images/iStock/DarioGaona, 11 © Thinkstock/Creatas/Jupiterimages, 12 © iStock/snapphoto, 13 © stockyimages/123rf.com, 14 © Getty Images/iStock/JPWALLET, 15 © iStock/sjlocke

S. 47: Janika © Getty Images/iStock/Thurtell, Erkan © GettyImages/iStock/Juanmonino

S. 48: Junge oben © Getty Images/E+/Merlas, Mann unten © Thinkstock/iStock/Nevena1987

S. 49: Illustration Hände und Herz © Thinkstock/nPine

S. 50: Mädchen © Getty Images/E+/Valeriy_G

S. 52: Bauern © caftor - stock.adobe.com, Käse © fotolia/adisa, Gartenarbeit © Getty Images/E+/mixetto, Kuh © Getty Images/E+/cynoclub

S. 55: 1 © Thinkstock/iStock/Nicole S. Young, 2 © Dan Race - stock.adobe.com, 3 © Thinkstock/iStock/KatarzynaBialasiewicz, 4 © Getty Images/iStock/jacoblund

S. 56: Schüler © Shutterstock.com/YAKOBCHUK VIACHESLAV, Supermarkt © Getty Images/E+/FG Trade

S. 57: Blutdruck messen © fotolia/Robert Kneschke

S. 58: Luis © Getty Images/E+/aldomurillo, Liechtenstein © Boris Stroujko - stock.adobe.com, Emma © Getty Images/E+/JohnnyGreig, Hamburg © Blickfang - stock.adobe.com, Franzbrötchen © Matthias Pens - stock.adobe.com, Zürich © Shutterstock.com/emperorcosar, Käse © Thinkstock/iStock/Frans Rombout

S. 59: Illustration Haifisch © Getty Images/iStock/Skathi, Flaggen © iStock/dikobraziy

S. 60: Berlin © Thinkstock/iStock/elxeneize, Wien © Digitalpress - stock.adobe.com, Zugspitze © Thinkstock/iStock/Noppasin, Feldberg © Getty Images/iStock/Andreas_Zerndl, Stadion links © Alex Kondratenko - stock.adobe.com, Stadion rechts © Getty Images/E+/Dmytro Aksonov, Bodensee © Ralf - stock.adobe.com, Genfer See © Getty Images/E+/VogelSP

S. 61: Zeigefinger © Thinkstock/iStock/stockyimages, Haus rot © fotolia/tinadefortunata, Haus weiß © Getty Images/E+/acilo, Leuchtturm © AVTG - stock.adobe.com, Eiffelturm © Getty Images/iStock/anshar73, Schule alt © fotolia/BildPix.de, Schule modern © Thinkstock/iStock/Sylvie Bouchard, Dolomiten © Thinkstock/iStock/Janoka82, kanadische Rocky Mountains © Thinkstock/iStock/Jonas Hafner, Fensterrahmen © Getty Images/iStock/Panuwat Srijantawong

S. 62: Museumsquartier © mRGB - stock.adobe.com, Donauinsel © xbrchx - stock.adobe.com, Park © alexey_fedoren stock.adobe.com, Naschmarkt © Adam - stock.adobe.com

S. 63: Kaffeefilter © rdnzl - stock.adobe.com, Currywurst © Getty Images/iStock/IngaNielsen, Zahnpasta © Thinkstock/iStock/AndreyPopov, Illustration Glühbirne © Getty Images Plus/iStock/Bitter, Ottomar H. von Mayenburg © DENTAL-Kosmetik, Dresden, Amalie Bentz © Melitta Gruppe, Herta Heuwer © ullstein bild – van der Becke

S. 64: Buchdruck © Getty Images/iStock/adventtr, Batterien © iStock/Rsmith19, Motorrad © PantherMedia/Bogdan Ionescu

S. 67: Panorama Bodensee © Manuel Schönfeld - stock.adobe.com, Palme © Getty Images/iStock/Andreas Rose, Luftbild © PantherMedia/Gerald Böllmann

S. 70: Sportpiktogramme © Thinkstock/iStock/Mervana, Illustration Urkunde © Getty Images/DigitalVision Vectors/pop_jop, Junge © Thinkstock/iStockphoto

S. 71: Lehrer © Getty Images/Ek+/SDI Productions

S. 72: Mont Blanc © Thinkstock/iStockphoto, Tokio © Getty Images/iStock/Torsakarin, Donau © fotolia/FK-Lichtbilder, Wespe © Skyler - stock.adobe.com, Andorra © Leonid Andronov - stock.adobe.com

S. 73: Blauwal © Thinkstock/iStock/MR1805

Alle nicht genannten Fotos von Loescher Editore, Torino

Produktionsfotos: Sabine Felber, Berlin

Bildredaktion: Cornelia Hellenschmidt, Hueber Verlag, München

Inhalt der Audios:

Sprecherinnen und Sprecher: Robert Braun, Jele Flügge, Marc Fuhr, Sabine König, Michael Krueger, Jens Liedtke, Kristin Perndl, Christian Pfadenhauer, Dirk Ploenissen, Irina Roknic, Manuel Scheuernstuhl, Peter Veit, Katharina Von Daake, Dascha von Waberer, Lilith von Waberer, Léa Wegmann, Katharina Weyland, Nils Weyland, Lara Wurmer

Produktion: Networks srl, 20154 Mailand, Italien (2015) und Atrium Studio Medienproduktion GmbH, München, Deutschland (2024)

Inhalt der Videos:

Schauspielerinnen und Schauspieler: Marcel Chelard, Lisa Haase, Anna Kätzow, Tizian Kracht, Leonie Hagemann, Daniela Helmuth, Josefine Jellinek, Janina Lniany, Nuschin Mechkat, Daniel Mele, Leon Meschke, George Nickels, Richard Marius Schlegelmilch, Maria-Nivara Sorian y Kirsch, Paula Lotta Symanowski, Christa Thaler, Rubini Zöllner

Produktion: Literaturtest GmbH & Co. KG, Berlin, Deutschland und Zenit Arti Audiovisive, Turin, Italien